中华人民共和国交通运输部

高速公路通信技术要求

交通运输部 2012 年第 3 号公告

主编单位：交通运输部公路科学研究院
北京交科公路勘察设计研究院
批准部门：中华人民共和国交通运输部
实施日期：2012 年 01 月 11 日

人民交通出版社

图书在版编目(CIP)数据

高速公路通信技术要求 / 交通运输部公路科学研究院，北京交科公路勘察设计研究院主编. — 北京：人民交通出版社，2012.3

ISBN 978-7-114-09654-9

Ⅰ.①高… Ⅱ.①交… ②北… Ⅲ.①高速公路－通信系统－研究 Ⅳ.①U412.36

中国版本图书馆 CIP 数据核字(2012)第 026330 号

中华人民共和国交通运输部

Gaosu Gonglu Tongxin Jishu Yaoqiu

高速公路通信技术要求

交通运输部公路科学研究院
北京交科公路勘察设计研究院 主编

*

人民交通出版社出版发行

（100011 北京市朝阳区安定门外外馆斜街 3 号）

各地新华书店经销

北京市密东印刷有限公司印刷

开本：880×1230　1/16　印张：4.5　字数：93 千

2012 年 3 月　第 1 版

2013 年 5 月　第 2 次印刷

定价：25.00 元

ISBN 978-7-114- 09654- 9

中华人民共和国交通运输部
公　　告

2012 年第 3 号

关于公布《高速公路监控技术要求》《高速公路通信技术要求》和《公路网运行监测与服务暂行技术要求》的公告

为提高高速公路监控、通信等现代信息技术水平，规范高速公路监控和通信系统规划、设计、建设和运营管理，提升高速公路管理和服务水平，进一步指导和规范公路网运行监测与服务系统建设，保障全国高速公路和国省干线公路的稳定运行，提高公路交通突发事件应急处置能力和公共服务水平，根据《中华人民共和国公路法》、《公路安全保护条例》、《公路交通突发事件应急预案》、《全国公路网管理与应急处置平台建设指导意见》等法律法规及有关规定，我部组织制定了《高速公路监控技术要求》、《高速公路通信技术要求》和《公路网运行监测与服务暂行技术要求》，现予公布，自公布之日起施行。

以上三个技术要求的管理权和解释权归交通运输部，日常解释和管理工作由主编单位交通运输部公路科学研究院负责。请各有关单位在实践中注意总结经验，及时将发现的问题和修改意见函告交通运输部公路科学研究院（地址：北京市海淀区西土城路 8 号，邮政编码：100088），以便修订时参考。

中华人民共和国交通运输部

二〇一二年一月十一日

主题词：监控　通信　监测　服务　公告

交通运输部办公厅　　　　2012 年 1 月 12 日印发

目　　录

1　一般规定

1.0.1　为提高高速公路使用效率和服务水平，规范高速公路通信系统规划、设计、建设和运营管理工作，根据国家相关法律法规及有关技术标准，制定本技术要求。

1.0.2　本技术要求适用于已建、新建、改（扩）建省域内高速公路通信系统的建设、管理与维护，省部级之间的要求应按照《公路网运行监测与服务暂行技术要求》执行。

1.0.3　高速公路通信系统应遵循“统筹规划、统一标准、联网运行、分级管理、逐步完善”的原则，实现省（自治区、直辖市）内通信系统的互联互通。

1.0.4　在规划、设计、建设、运营管理过程中，高速公路道路沿线、隧道、桥梁等的通信系统应统一考虑。

1.0.5　交通工程及沿线设施中通信网的作用是为高速公路使用者和管理者提供大容量网络传输平台和高质量语音、数据、图像等信息交换服务。

1.0.6　各省（自治区、直辖市）高速公路通信系统联网运行范围应包括全省（自治区、直辖市）所有开通运行的高速公路。各高速公路开通运行时，其通信系统须纳入全省（自治区、直辖市）高速公路联网运行通信系统的范围。

1.0.7　省域内高速公路通信系统应由高速公路省级通信中心（简称“省级通信中心”）、路段通信（分）中心和基层无人通信站三级管理架构构成，其中省级通信中心宜与省级收费、监控中心合址建设。

1.0.8　各省通信系统可在全省（自治区、直辖市）整体规划的基础上，根据自身建设实际选择满足自身需要的技术方案，但应兼顾统一性、系统性和先进性，确保已建和在建高速公路通信系统的互联互通。

1.0.9　高速公路通信系统的建设应当符合本技术要求，符合《公路网运行监测与服务暂行技术要求》的规定；同时，还应符合国家标准、交通行业标准和省级通信系统的总体规划以及实施方案，并按照国家规定的基本建设程序实施。

1.0.10　各省（自治区、直辖市）可根据通信技术发展情况，合理选用先进、成熟的通信技术,相关系统功能、配置规模以及性能指标等不应低于本技术要求的规定。

1.0.11 各省(自治区、直辖市)可根据本技术要求,制定本辖区通信系统技术实施细则。

2 管理架构

2.0.1 在省域范围内,通信系统管理架构应与省(自治区、直辖市)联网收费系统、监控系统管理架构综合考虑,结合设置,并应采用"省级通信中心—路段通信(分)中心—基层无人通信站"三级管理架构(图2-1)。

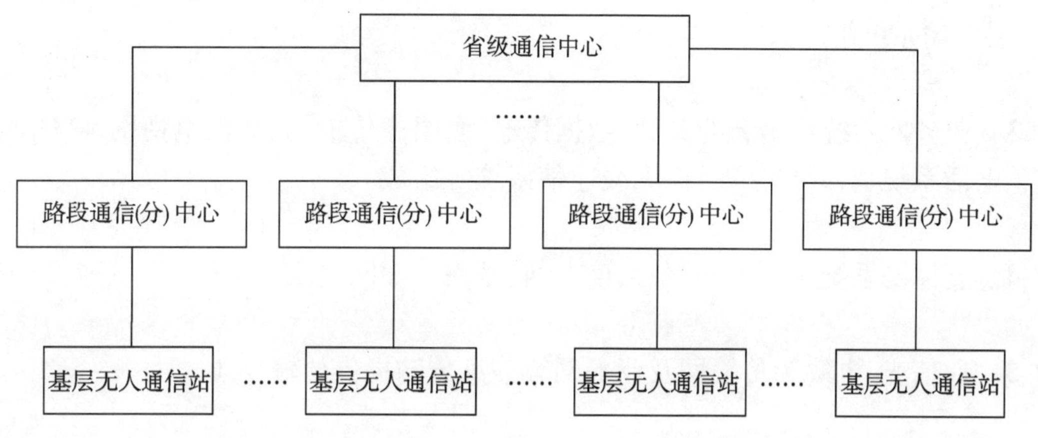

图2-1 通信系统管理架构图

2.0.2 省级通信中心:宜与省级收费、监控中心同址设置,负责组织调度各路段通信(分)中心与省级通信中心之间的信息交换。

2.0.3 路段通信(分)中心:宜与路段收费、监控(分)中心同址设置,负责路段内通信业务的汇集和相邻路段通信业务的交换,并按要求接入省域干线传输网,实现与省级通信中心联网。

2.0.4 基层无人通信站:与高速公路沿线的收费站、隧道管理站、服务区、养护工区等同址设置,能以无人值守的方式完成路段内基础信息的传输和接入。

3 系统构成

3.0.1 高速公路通信设施由传输网系统,业务网系统,支撑网系统,通信光、电缆,通信电源系统,通信管道等构成。

3.0.2 传输网系统由省域干线传输网(简称“干线网”)和路段接入网(简称“接入网”)两层传输系统组成。

3.0.3 业务网系统由语音业务网、数据传输网、图像传输网、会议电视网、呼叫服务中心、紧急电话系统、有线广播系统、无线通信系统等组成。

3.0.4 支撑网系统由同步网、公共信令网、网络管理网组成。

3.0.5 通信光、电缆为传输网及业务网等信息传输提供传输介质。

3.0.6 通信电源系统由交流供电系统、直流供电系统、防雷接地系统、电源管理系统等组成。

3.0.7 通信管道由主干管道、分歧管道、人(手)孔及其他辅助性材料等组成。

4 传输网系统

4.1 系统构成

1 高速公路通信系统传输网由干线传输网与路段接入网构成。

2 应在省级通信中心和路段通信(分)中心之间设立干线传输网,承载省级通信中心至路段通信(分)中心之间的所有语音、数据和图像等信息传输。干线网应能有效覆盖全省(自治区、直辖市)高速公路网。

3 在路段通信(分)中心与其直接管辖的基层无人通信站之间应设立路段接入网,为路段通信(分)中心及其所辖的收费站、隧道管理站、服务区、养护工区等基层管理部门提供语音、数据以及图像传输服务,并能通过路段通信(分)中心与省域干线通信网连接。

4 交通运输厅所辖的地方公路局和交通局可汇接至传输网。

4.2 干线传输网

4.2.1 制式选择

干线传输网目前宜采用 SDH/MSTP 系统组建。根据传输技术发展水平,当干线网形成网格型网络并向智能化方向演进时,可采用基于 SDH 的智能光网络。

4.2.2 网络结构

干线传输网应采用环型、网格型拓扑结构;边缘支链部分可采用链型、树型结构。当物理路由上形成网格结构时,干线传输网应逐步向网格型演进。

4.2.3 系统配置

1 省级通信中心及周边的骨干节点均应采用 10G 设备,高阶交叉能力不低于 160G;其他骨干节点根据其网络位置、容量的需求采用 10G 或 2.5G 设备;边缘节点可根据容量的需求采用 2.5G 或 622M 的传输设备。

2 环型网可采用二纤或四纤复用段共享保护环;链型网采用 1+1 线路保护方式;网格型网应采用多路径保护方式。

3 干线传输网宜采用 1 550nm 工作波长,根据实际情况也可采用 1 310nm 工作波长。

4 干线传输网典型业务带宽需求及接口类型配置见表 4-1。

表 4-1 干线传输网典型业务带宽需求及接口类型配置参考表

序号	业务类型	接口类型	实际业务带宽
路段通信(分)中心至省级通信中心			
1	SPC 数字中继(至省级通信中心)	G.703 2Mbit/s	2×2.048Mbit/s
2	相邻路段通信(分)中心 SPC 数字中继	G.703 2Mbit/s	1×2.048Mbit/s
3	收费数据	10/100M 以太网	5×2.048Mbit/s
4	监控数据	10/100M 以太网	2×2.048Mbit/s
5	视频图像 (8 路,监控 4 路,收费 4 路,每路带宽 4Mbit/s)	10/100M 以太网	8×2×2.048Mbit/s
6	会议电视系统	10/100M 以太网	8×2.048Mbit/s
7	办公自动化	10/100M 以太网	4×2.048Mbit/s
8	呼叫中心	10/100M 以太网	2×2.048Mbit/s
9	干线网管通道 SPC 网管通道	10/100M 以太网	1×2.048Mbit/s
10	其他业务预留 (含交通信息化、养护信息、路政信息、交通政务信息等)	10/100M 以太网	40×2.048Mbit/s

注:视频图像带宽适用于 D1 格式。

4.2.4 主要技术要求

1 基本功能应满足以下标准要求:

1)YD/T 1022 SDH 设备功能要求;

2)YDN 099 光同步传送网技术体制(修订);

3)YD/T 1192.2 SDH 光发送/光接收模块技术要求;

4)ITU-T G.707 同步数字系列(SDH)的网络节点接口。

2 以太网透传功能应满足以下要求:

1)传输链路带宽可配置;

2)应保证以太网业务的透明性,包括以太网 MAC 帧、VLAN 标记等的透明传送;

3)以太网数据帧的封装可采用 GFP 协议,或者 LAPS 协议,或者 PPP 协议,但至少支持 GFP 协议;

4)数据帧应采用 VC 通道的连续级联/虚级联映射来保证数据帧在传输过程中的完整性。

3 传送节点设备应能提供下列类型的接口:

1)STM-64 光接口;

2)STM-16 光接口;

3)STM-4 光接口;

4)GE、10GE 以太网接口。

4 传送节点设备应能直接提供或通过下挂低速率设备的方式提供下列类型的接口：

1)139 264 kbit/s 电接口；

2)44 736 kbit/s 电接口；

3)34 368 kbit/s 电接口；

4)2 048 kbit/s 电接口；

5)10/100 Mbit/s 以太网接口。

5 传送节点设备的交叉连接矩阵必须是无阻塞的，并有冗余备份。节点设备满配置时的交叉能力应根据节点设备位置、业务需求和网络规模等因素选取。

6 传送节点设备的交叉连接矩阵、电源、时钟发生和分配、控制板应具有冗余保护，以保护系统的可靠性。交叉连接矩阵的倒换不应产生误码，所有单元盘的保护倒换均不得影响正常业务。

7 当干线网形成网格型网络并向智能化方向演进时，应逐步实现下列功能：

1)呼叫和连接管理功能；

2)路由功能；

3)自动发现功能；

4)链路资源管理功能。

呼叫和连接管理应具有竞争处理功能和异常处理功能。路由功能应支持基于约束条件的通道选择，并支持最短路径路由，支持工作通道、保护通道和恢复通道的路由计算，满足产生无环路路由的要求。

8 中继设备 REG：宜在距离大于 80km 的两个干线传输设备间增加中继设备。

9 传输设备的平均无故障工作时间(MTBF)应大于 100 000h。

4.2.5 网管系统

干线传输网网管系统功能至少包括以下几项：

1 故障管理：告警监视、故障检测、区段定位等。

2 性能管理：端到端性能监视(误码、抖动等)、单端测试维护等。

3 配置管理：利用交叉连接功能进行电路调配，路由自动发现等。

4 安全管理：按授权进入，对所有申请、接入进行监视和控制。

5 统计管理。

4.3 路段接入网

4.3.1 制式选择

路段接入网应根据各业务的传输需要和特点选定传输制式，并应与干线传输网的技术体制相适应，目前宜采用 SDH/MSTP 综合业务接入网，也可采用 PTN 分组传送网或以太网等技术。

4.3.2 网络结构

1 综合业务接入网由设置在路段通信(分)中心的光纤线路终端(OLT)设备、基层无人通信站光纤网络单元(ONU)设备以及相应的维护管理设备组成。

2 综合业务接入网可根据站址的分布情况组成自愈环、相切环及环带链网络结构。

3 接入网自愈环宜采用二纤通道保护环,链型网应采用 1 +1 线路保护方式。

4.3.3 系统配置

1 传输速率根据综合业务接入网网络结构、站点数量及业务容量需求宜采用 STM-16/STM-4 等级。

2 工作波长宜采用 1 310nm,也可根据需要采用 1 550nm。

3 路段接入网承载业务的带宽需求及分中心 OLT、无人通信站 ONU 设备的接口配置见表 4-2。

4 综合业务接入网可实现动态带宽分配功能。

5 传输设备的平均无故障工作时间(MTBF)应大于 100 000h。

表 4-2 接入网(OLT-ONU)典型业务带宽需求及接口类型配置参考表

业务类型	带宽需求	接口类型	备注
收费数据	2×2Mbit/(s·站)	10/100M 以太网或 E1(2M)	ONU 至 OLT 的 10/100M 接口可采用 1:1 配置,也可利用 OLT 的汇聚功能实现 n:1配置
监控数据	1~2×2Mbit/(s·站)	10/100M 以太网或 低速率(RS232、VF2/4W)	
业务电话	64kbit/(s·路)	FXS/FXO	
压缩视频(H.264)	2×2Mbit/(s·路)	10/100M 以太网	
办公网络(预留)	1~2×2Mbit/(s·站)	10/100M 以太网	
V5 信令	用户线按 1:2或 1:4配置	V5.2/OLT	
其他业务预留(含交通信息化、养护信息、路政信息、交通政务信息、路段广播等)	20×2Mbit/(s·站)	10/100M 以太网	

注:视频图像带宽适用于 D1 格式。

4.3.4 主要技术要求

参见 4.2.4 干线传输网主要技术要求。

4.3.5 网管系统

接入网的网管系统应设在 OLT 处,与局端接入设备相连,并通过 OLT 设备实现对沿线 ONU 设备的维护和管理。网管系统应具备网元级管理系统的基本功能,同时预留 Q3 接口,提供集中维护管理的条件。

1 基本功能

1)故障管理:告警监视、故障检测、区段定位等;

2)性能管理:端到端性能监视(误码、抖动等)、单端测试维护等;

3)应用管理:利用交叉连接功能进行电路调配等;

4)安全管理:按授权进入,对所有申请、接入进行监视和控制;

5)统计管理。

2 "112"测试管理

路段通信(分)中心的网管对综合业务接入网设备所完成的具体测试项目不少于测外线、测内线、测用户话机以及集中管理、例行测试、排队测试、结果显示等功能。

4.3.6 数字配线架(DDF)

1 结构要求

1)数字配线架应采用75Ω/75Ω不平衡式连接器单元:采用射频同轴电缆,特性阻抗为75Ω的连接器单元。

2)机械活动部位应转动灵活、插拔适度、锁定可靠、施工安装和维护方便,同轴插头座应带有锁定装置。

3)同轴连接器接线端子适用电缆应符合GB/T 12269及有关标准的要求。

2 功能要求

1)连接器单元在机架上可单面或双面安装。

2)机架内应有宽敞充足的线缆布防区,布线应分单元集束捆扎,前后调线、架间调线的线缆通过层间固线装置排列整齐。

3)机架应有完整的接地系统,机架上应安装截面面积不小于$35mm^2$的接地铜条,并设有接地端子及标志;单元板上的同轴连接器外导体应电气导通,并通过截面面积不小于$2.5mm^2$的导线与接地铜条可靠电气连通,任一同轴连接器外导体与接地铜条引出端间的电阻应不大于0.2Ω。

5　业务网系统

5.1　语音业务网

5.1.1　系统构成

语音业务网即电话交换网，由本地电话网、省域长途电话网及交通运输部省际长途电话网三级体系构成。

1　在省级通信中心设置一级交换中心（汇接局），主要职能是转接所在本地网的长途终端话务，以及省际长途来去话务。有条件的省份，可设置辅助汇接局。

2　在路段通信（分）中心设置汇接局或端局，与本省一级交换中心共同构成省域长途电话网，汇接局或端局与一级交换中心均有直达路由，汇接局或端局与辅助汇接局均有直达路由，相邻汇接局或端局之间亦设直达路由。省域长途电话网主要负责省域内局间汇接及转接接续。

3　本地网由汇接局或端局和用户电路组成，主要负责本局所辖范围内的终端话务交换和出入市话交换，以及部分局间话务交换。

4　电话交换网目前宜采用数字程控交换系统。根据技术发展情况，可组建软交换电话网，其系统功能、局间信令及接口要求应符合本技术要求规定。

5.1.2　系统功能

1　高速公路通信网内业务电话（BT）、指令电话（CT）和传真机（FAX）等业务。

2　提供市话和国内长途自动接续业务。

3　中继汇接、选择路由和号线连选。

4　提供话务台服务和电脑话务员。

5　提供用户服务等级分类。

6　会议电话功能。

7　指令电话功能。

8　数字电话功能。

9　提供自动测试功能。

10　话务量统计功能。

5.1.3　系统配置

1　网络接口及信令方式

1）网内数字程控交换机均采用 E1（2Mbit/s）数字中继接口，局间信令采用中国 No.7

信令方式。

2)各级通信中心数字程控交换机可根据实际情况选择采用数字或模拟方式接入本地公用电话网。与公用网的市话局间采用E1数字中继连接时,宜采用全自动呼出/呼入方式,并纳入公用网的统一编号,采用中国No.7信令方式;采用二线模拟市话中继接口连接时,宜采用全自动呼出、半自动呼入方式;采用模拟用户信令,出中继线信令为LOOP+DTMF,入中继线信令为25Hz铃流,模拟用户入网采用DOD2+BID中继方式。

3)若采用软交换技术,软交换设备与媒体网关之间应采用H.248协议/ MGCP协议(媒体网关控制协议)。

2　装机容量

数字程控交换机装机容量包括初装容量和终期容量,分为用户数量和局间中继线容量。初装容量按近期用户数量配置,并预留20%~30%余量。各交换局至省级汇接局间基干电路为2×2Mbit/s,各交换局至辅助汇接局间基干电路为1×2Mbit/s,辅助汇接局至省级汇接局间基干电路为2×2Mbit/s,相邻交换局间直达电路为1×2Mbit/s。与市话局间的中继线数量一般可按用户线的10%设置。终期容量应以满足用户不断发展的业务需求为目标。装机容量见表5-1。

表5-1　数字程控交换机容量参考配置表

项　目	E1数字中继	V5.2接口	市话中继	Z1用户接口
省级通信中心	$2\times B+2\times S$	—	2×E1	600
辅助汇接局	$1\times B+2\times S$	—	2×E1	400
路段通信(分)中心	$(2+1)\times B+1\times S$	≥2×E1	模拟30×L或数字1×E1	200

注:1. B-基干电路数量;S-直达电路数量。

2. 数字程控交换机具体容量配置应在实际工程设计中确定。

3　编号计划

交换设备应能适应等位或不等位电话网中本地接续,国内和国际长途自动、半自动和人工接续,呼叫特种服务以及使用新业务的编号要求。在必要时,交换设备应能通过人机命令进行号码修改,方便地实现对电话编号作某些修改。

具体编号要求参见附录B:高速公路通信网长途区号分配表。

4　维护管理系统及计费系统

应设置维护管理系统,并根据需要设置计费系统。

1)维护管理系统

数字程控交换机的维护管理系统应具备对交换设备的性能管理、故障管理、配置管理和安全管理等功能,具体功能如下:

(1)收集、分析电话网的话务负荷、流量流向和设备利用情况的数据。

(2)监视电话网的话务负荷状况。

(3)检测电话网的话务异常现象。

(4)监视交换设备的重大故障告警。

(5)判断分析产生话务异常的原因。

(6)必要时通过人工方式实现部分话务控制和网路调度措施。

(7)产生各种话务分析报告和汇总报表。

(8)完成配置管理功能。

(9)具备网管工作人员操作权限的管理功能。

通信(分)中心数字程控交换机可通过 Q3 和 TCP/IP 等协议与省级通信中心数字程控交换机网管系统连接。

2)计费系统

数字程控交换机的计费管理一般要求高速公路通信网内部呼叫按不计费方式;内部用户呼叫市话、国内长途和国际长途的计费方式可参照公网的要求执行,采用立即收费方式进行计费。

5.1.4 性能指标

1 话务量要求

1)普通用户:忙时每线话务量 0.16~0.18Erl(其中发话占 55%,受话占 45%)。

2)中继线:平均每线话务量 0.6~0.7Erl(其中发话占 55%,受话占 45%)。

3)BHCA 值:应符合 GB/T 15542 中的规定。

2 呼损指标

损失的呼叫和超时延的呼叫,指标见表 5-2。对于发话呼叫和转接呼叫,表中的指标不包括由于中继不足而造成的损失。

表 5-2 呼损指标

项目	呼损	项目	呼损
本局呼叫	1×10^{-2}	入局呼叫	5×10^{-3}
出局呼叫	5×10^{-3}	转接呼叫	1×10^{-3}

3 不可用性指标

1)若采用数字程控交换机,传输质量恶化而不能被用户接受的概率应小于 10^{-6}。

2)若采用软交换技术,系统应达到或超过 99.999% 的可用性,全系统每年的中断时间应小于 3min。

4 数字程控交换机接口要求

1)数字程控交换机与综合业务接入网之间可采用 V5.2 接口相连,应符合 ITU-T G.964、G.965 以及国标、通信行业标准的有关规定。

2)数字程控交换机局间数字中继线应采用 A 接口,符合 ITU-T G.703、G.704、G.705、G.732 和 Q.512 以及国标、通信行业标准的有关规定。

3)二线模拟用户线接口 Z 应符合 ITU-T Q.517 以及国标、通信行业标准的有关规定。

5 数字程控交换机三级时钟基本参数

1)最低准确度:$\pm4.6\times10^{-6}$。

2）最大频率偏移：2×10^{-8}/d。

3）牵引范围：$\pm4.6\times10^{-6}$。

4）最大初始偏差：1×10^{-8}。

5.1.5　指令电话系统

电话交换网可根据高速公路管理需要设置指令电话系统。

1　指令电话系统通过数字程控交换机热线、会议等功能实现。

2　指令电话系统由指令电话控制台（即指令电话主机）和指令电话分机构成。指令电话主机装设于监控（分）中心；指令电话分机设在沿线的各收费站、管理所、服务区、停车区和养护工区等。

3　指令电话主机可实现对指令电话分机的全呼、组呼和选呼，同时具备录音功能。

4　指令电话主机应设置成各指令电话分机的热线用户，各分机之间不设置选叫功能。

5.1.6　总配线架（MDF）

1　配置原则：总配线架的数量应根据外线电缆的总对数计算。总配线架终期的外线总对数，可按局内交换设备终期容量或用户接入容量之和的1.3～1.5倍计算，同时应结合总配线架标称容量配置总配线架数量。

2　总配线架应具备告警功能。保安单元告警时，总配线架告警系统应能指示告警保安单元所在列和线对号，并发出可见可闻的告警信号。

5.2　数据传输网

5.2.1　系统构成

1　数据传输网主要应为以下数据业务提供传输通路：高速公路监控数据、收费数据、养护信息数据、路政信息数据、办公自动化数据等以及公路网运行监测与服务数据、交通信息化数据等。

2　监控数据传输通路。

1）第一层：监控外场设备至路段监控（分）中心，宜先通过光纤点对点或级联方式接到就近的通信站，再由综合业务接入网提供的子速率接口或10/100Mbit/s以太网传输通路传至路段监控（分）中心。

2）第二层：路段监控（分）中心至省级监控中心广域网，由干线传输系统每个路段监控（分）中心提供10/100Mbit/s以太网传输通路。

3　收费数据传输通路。

1）第一层：收费站内局域网，收费车道至收费站数据由收费系统自行传输。

2）第二层：收费站至路段收费（分）中心广域网，由综合业务接入网为每个收费站提供10/100Mbit/s以太网传输通路。

3)第三层:路段收费(分)中心至省级收费中心广域网,由干线传输网为每个路段收费(分)中心提供10/100Mbit/s以太网传输通路。

4 数据传输网应根据《公路网运行监测与服务暂行技术要求》的相关规定为公路网运行监测与服务数据提供接口和传输通路。

5 其他业务数据传输通路,如办公数据网等,应根据全省(自治区、直辖市)统一规划配置,由传输网提供或预留接口和传输通路。

5.2.2 系统配置要求

1 数据通信应主要为监控、收费系统等高速公路管理业务服务。同时,应根据管理部门办公网络和社会对交通信息的需求,在通信系统规划设计和建设过程中为其预留带宽资源和接口条件。

2 监控、收费系统应根据数据重要程度和实时性要求,各自配备必要的应急传输线路,如租用公网专线等,以保证当高速公路通信线路中断时,关键业务可迅速切换至备份线路进行通信;当高速公路通信网恢复时,再转回到正常传输状态。

5.3 图像传输网

5.3.1 系统构成

1 系统分类

高速公路图像(闭路电视)传输系统从应用上分类,主要包括交通监控图像传输系统和收费图像传输系统;从传输层次上划分,包括外场摄像机至路段监控、收费(分)中心以及路段监控、收费(分)中心至省级监控中心两层。

2 监控图像传输通路

1)第一层:外场摄像机至所属路段监控(分)中心的图像传输。

外场摄像机至所属路段监控(分)中心的图像传输,应根据路段监控(分)中心所辖路网结构、路网规模合理选用数字压缩编码或数字非压缩传输方式。

外场摄像机宜采用数字压缩视频光端机在摄像机端进行数字压缩编码处理,通过光纤链网或环网方式传输至就近通信站,进而压缩编码图像在通信站通过综合业务接入网传至路段监控(分)中心。摄像机反向控制信号与图像复用传输。

2)第二层:各路段监控(分)中心至省级监控中心的图像传输。

路段监控(分)中心至省级监控中心的图像(含视频联网管理信号),应采用数字压缩编码方式通过干线传输系统传输。

3 收费图像传输通路

1)第一层:收费图像至所属路段收费(分)中心的图像传输。

收费图像至所属路段收费(分)中心的传输方式应与监控图像传输方式综合考虑,同一路段内图像传输方式宜统一。

收费车道、收费亭、收费广场图像宜采用数字压缩视频光端机在摄像机端进行数字压缩编码处理，进而压缩编码图像在通信站通过综合业务接入网传至路段收费（分）中心。摄像机反向控制信号与图像复用传输。

2）第二层：路段收费（分）中心至省级收费中心的图像传输。

路段收费（分）中心至省级收费中心的图像（含视频联网管理信号），应采用数字压缩编码方式通过干线传输系统传输。

4 图像传输系统设备构成

图像传输系统一般由视频编解码设备、网络服务器、图像联网管理终端、以太网交换机以及相关软件等软硬件构成，具体构成可根据实际功能需求进行设备集成。

5.3.2 视频联网技术要求

各省（自治区、直辖市）应制定省（自治区、直辖市）内视频联网的标准格式，同时应满足相关国家标准规范的要求。省域视频联网系统应在省级中心与各路段（分）中心间建立标准化信令控制、视音频传输、网管控制传输通道，各类信息交互应遵循统一的通信协议。

1 信令控制

省级中心与各路段（分）中心视频传输系统应实现系统间协议统一，建议通过 SIP 协议实现联网基本功能标准化。省级中心与各路段（分）中心视频系统间通过标准化信令至少应实现以下功能：

1）监控图像截取：上级图像联网管理终端可通过发送信令获取下级接入摄像机实时视频流，可根据管理需要调看历史图像。

2）远程控制功能：上级图像联网管理终端可对所辖联网设备进行云台控制、防尘罩（雨刮、除湿等）控制等。

3）事件管理功能：各级图像联网管理终端应支持报警等事件预订功能，并支持对预订报警事件进行通告、处理功能。

2 视音频传输

数字压缩编码图像应统一采用由 ITU-T VCEG 和 ISO/IEC MPEG 联合制定的国际视频编码标准 H.264（MPEG-4/AVC）。高速公路数字编码视频及音频复用封装应符合 ISO/IEC 13818-1 协议制定的传输流 TS 要求。

解码器支持的档次和级别不应低于相应编码器支持的最高档次和级别，其中图像分辨率与码率应满足下列要求：

1）编码图像至少支持 CIF、4CIF（或 D1）几种分辨率，存储图像分辨率应不低于 CIF，重要视频数据（如报警图像）应具有 4CIF 及以上分辨率，路段监控（分）中心实时上传图像分辨率应不低于 4CIF（或 D1）。

2）编码帧率应不小于 25 帧/s，输出码率应可动态调整；D1 分辨率提供的传输带宽应不高于 2×2Mbit/s，CIF 分辨率提供的传输带宽应不高于 1Mbit/s。

3 网管控制

应能实现设备信息查询、设备状态查询、通道状态查询、通道流量查询、联网单元流量查询等网络管理功能。

5.3.3　性能要求

1　为保证图像传输质量,图像信号在由摄像机至路段监控收费（分)中心、省级监控收费中心传输的过程中只允许压缩一次。

2　参照 GB 20815 标准,按五级损伤制评定,监控图像质量主观评价应不低于 4 级。

5.4　会议电视网

高速公路会议电视网应全省(自治区、直辖市)统一规划设置。

5.4.1　系统构成

1　会议电视系统由省级会议电视系统和路段会议电视系统构成。

1)省级中心设主会场,配置 MCU(多点控制单元)和会议终端设备;路段(分)中心设分会场,配置会议终端设备,各终端通过 10/100M 以太网传输通道接入 MCU,构建省级会议电视系统。

2)路段内可设置路段会议电视系统。路段(分)中心设主会场,配置 MCU 和会议终端设备;收费站、隧道管理站、桥梁管理所等基层管理单元设分会场,配置会议终端设备,各终端通过 10/100M 以太网传输通道接入 MCU,构建路段会议电视系统。同时,路段(分)中心 MCU 与省级中心 MCU 应能进行级联组网和控制,实现全省会议电视的召开。

2　会议电视系统在逻辑上主要由用户接入层、交换层和支撑层三大部分组成,逻辑分层结构见图 5-1。

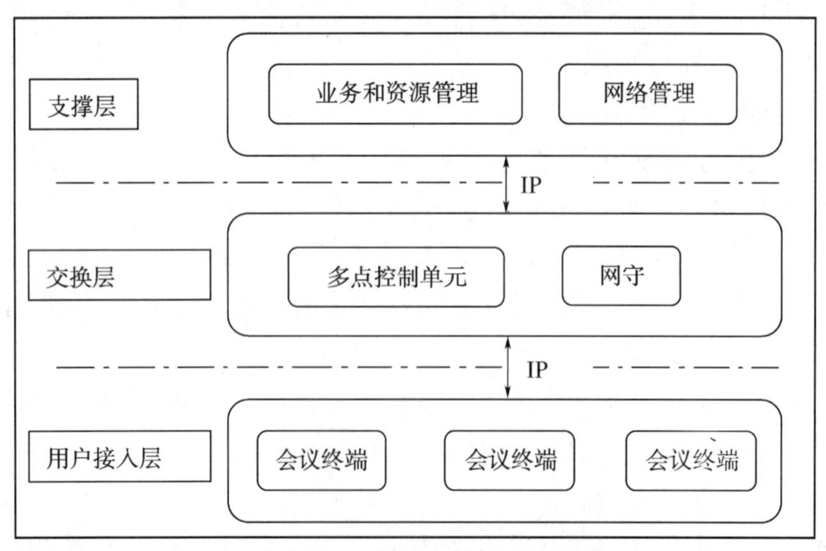

图 5-1　会议电视逻辑分层结构图

1)用户接入层由会议终端和传输通道组成,其他会场设备包括视频输入输出设备、音频输入输出设备等。视频输入输出设备包括摄像机、图像显示设备(电视机、监视器、大屏幕投影机、大屏拼接显示系统等);音频输入输出设备包括话筒、调音台、会场扩声设备(功率放大器、扬声器等)。

2)交换层主要包括多点控制单元(MCU)和多用户网守(GK),根据需要可设置VOIP网关、应用服务器(如数据会议服务器、流媒体服务器等)。交换层为终端设备实现视频、音频以及数据的交互。

3)支撑层由计算机终端以及业务和资源管理、网络管理软件等组成。

5.4.2 系统配置

会议电视系统参考配置要求见表5-3。

表5-3 会议电视系统参考配置表

管理架构	基本配置	可选配置
省级中心	MCU、GK 会议终端 视频音频输入、输出设备 业务和资源管理、网络管理终端	桌面软件终端 VOIP网关、应用服务器等
路段(分)中心	会议终端 视频音频输入、输出设备	MCU、GK 桌面软件终端 VOIP网关、应用服务器 业务和资源管理、网络管理终端等
基层单元	—	会议终端 视频音频输入、输出设备等

注:1. GK可以单独设置,也可内置于MCU。

2. 视频音频输入、输出设备根据会场规模设置。

5.4.3 系统功能

1 会议的类型应能满足各自需求,如所有/部分会场同时参加的会议,同时召开多组多点会议,且各组会议之间相互独立、互不干扰等。

2 应具有会议控制功能,包括会场切换、摄像机控制、音量控制等。

3 应具有混音功能、多画面功能和更加逼真地模拟出在同一会场的会议效果。

4 应具有多速率适配功能,不同速率的会议终端应能参加同一个会议,并且系统能根据网络的质量来动态调整会议速率,以达到最佳的效果,并优先保证音频质量。

5 应具有网管功能。网管功能应包括:故障管理、性能管理、配置管理、安全管理等功能。

5.4.4 主要性能

1 会议电视系统应采用ITU-T H.323以及国家标准、通信行业相关标准组建,并能兼容ITU-T H.320标准。

2 会议电视视频应采用 H.264 编码格式,图像分辨率应不低于 720p(MCU 应支持 1 080p等格式),声音应清晰可辨、自然圆润。

3 服务质量。会议电视业务端到端的指标应满足:

1)单向时延宜小于 150ms。

2)丢包率应小于 1%。

3)唇音同步应小于 80ms。

5.4.5 会场布置

1 房间组成。

省级中心会议电视房间应包括会议室、控制室和机房;路段(分)中心会议电视房间应包括会议室,控制室和机房可选;收费站、隧道管理站、桥梁管理所等基层管理单元可按实际需求设置。

各房间参考面积见表 5-4。

表 5-4 会议电视系统房间参考面积表

房 间	面 积	备 注
会议室	应按参加会议的总人数确定,平均每人按 2.2m^2 计算	会议室除保证会议电视要求外,平时可兼作报告厅、学术交流厅和一般会议厅,以提高其利用率
控制室	一般不小于 30m^2	控制室与会议室之间的墙上宜设置观察窗,便于操作人员了解会场的情况,及时配合会议主席的要求进行操作
机房	必要时可设置不小于 20m^2 的单独房间	可与通信机房合用

2 会场设备(包括话筒、扬声器、摄像机、图像显示设备等)应结合会场情况合理布置,以达到最佳视听效果。

3 会议室不应采用自然光,室内照明应满足各功能区(如主席区、图像显示区和一般区域等)的照度需要,并可均匀调节。控制室、机房的照明应满足会议操作和日常维护要求。

4 会议室应有安静的环境,应尽量减少、控制和隔绝外界的噪声源。

5 其他要求参见附录 C:通信机房要求。

5.5 呼叫服务中心

高速公路呼叫服务中心应由全省(自治区、直辖市)统一规划设置,省(自治区、直辖市)内应采用统一的高速公路救援电话号码。

5.5.1 系统构成

1 基本构成

高速公路呼叫服务中心应采用省级呼叫服务中心—路段呼叫服务(分)中心两级架

构。省级中心设置呼叫服务中心，配置排队机（ACD）/用户交换机（PBX）或软交换服务器；路段呼叫服务（分）中心设置远端坐席，通过10/100M以太网传输通道接入省级呼叫服务中心。根据实际需要，路段（分）中心也可设置独立的呼叫服务（分）中心，配置排队机（ACD）/用户交换机（PBX）或软交换服务器，并应能与省级呼叫服务中心协同工作。

2　体系架构

呼叫服务中心体系架构见图5-2。

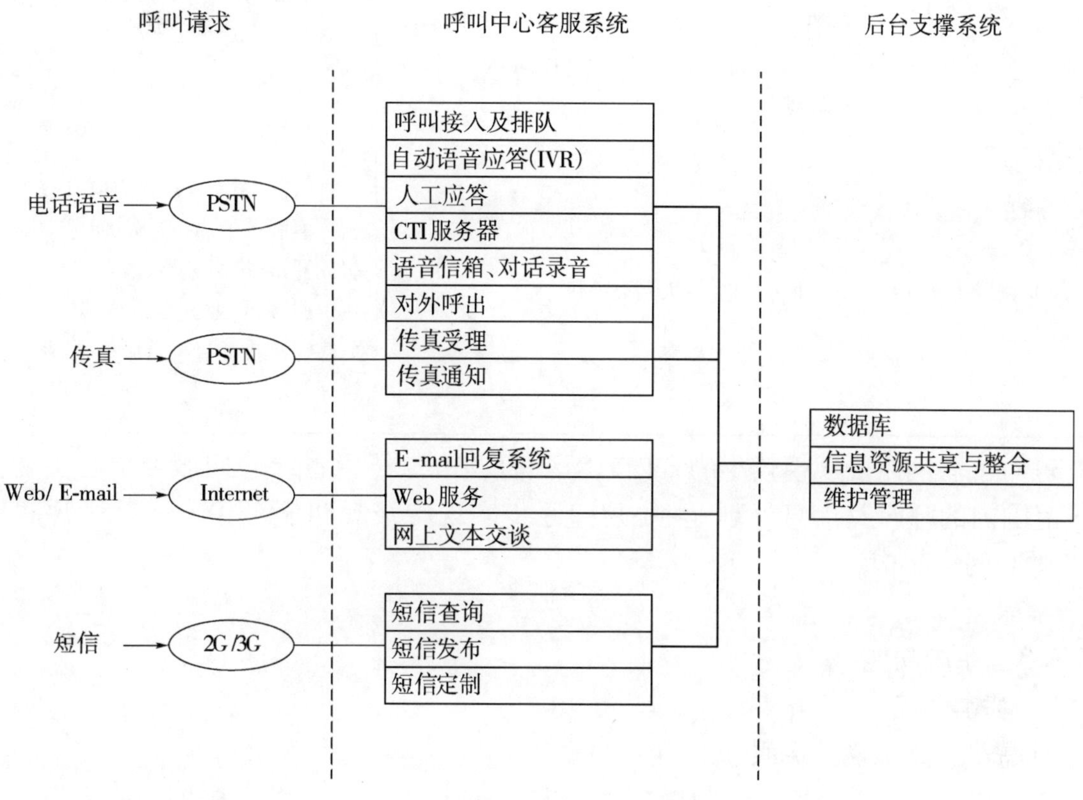

图5-2　呼叫服务中心体系架构图

1）用户接入包括语音、传真、Web/E-mail、短信、WAP等多种方式。

2）客服系统包括排队机（ACD）/用户交换机（PBX）或软交换服务器、Web/E-mail服务器等话音和数据接入设备，以及CTI服务器、IVR服务器、语音传真服务器、短信服务器、业务坐席等设备。其中，业务坐席由计算机终端和话机（普通话机或IP话机）组成。

3）支撑系统包括数据库服务器、信息资源共享与整合服务器、系统维护管理终端等设备。

5.5.2　系统配置

1　参考配置

呼叫服务中心系统参考配置见表5-5。

2　组网方式

1）呼叫服务中心应与当地市话汇接局直接连接，呼叫接入采用就近接入的原则。

2）省级呼叫服务中心与路段呼叫服务（分）中心之间应由干线传输网提供10/100M

以太网传输通路。

表5-5　呼叫服务中心系统参考配置表

管理架构	基本配置	可选配置
省级呼叫服务中心	排队机(ACD)/用户交换机(PBX)或软交换服务器、CTI服务器、IVR服务器、语音传真服务器、业务坐席、数据库服务器、信息资源共享与整合服务器、系统维护管理终端、网络设备(以太网交换机、路由器、防火墙)等	Web/E-mail服务器、短信服务器等
路段呼叫服务(分)中心	业务坐席、以太网交换机	排队机(ACD)/用户交换机(PBX)或软交换服务器、Web/E-mail服务器、CTI服务器、IVR服务器、语音传真服务器、短信服务器、业务坐席、数据库服务器、信息资源共享与整合服务器、系统维护管理终端等

3)对于联网路段规模较小的省(自治区、直辖市),可由省级呼叫服务中心负责完成省域范围内的呼叫及信息处理业务,并应逐步实现省级呼叫服务中心—路段呼叫服务(分)中心两级架构。

5.5.3　系统功能

1　基本功能

1)高速公路车辆救援服务。

应能够受理高速公路车辆救援服务请求,经确认后实时转发至相关职能部门及时处理,包括拖车处理、车辆维修等服务。

2)信息查询与发布。

(1)救援服务信息:提供高速公路救援站点、车辆救援服务收费标准、救援电话、社会救援机构信息等。

(2)道路信息:提供道路基础信息(线路类型、沿途设施、收费资费、服务区位置等)、动态路况信息(维修、施工、拥塞、故障、交通管制、通行恢复等)。

(3)其他运输信息:提供城市公交、铁路、民航等多种运输方式的客运服务及换乘信息。

(4)提供行车路径规划、气象服务信息等。

3)投诉建议。

4)统计报表。

5)维护管理等。

2　可扩展功能

1)交通法规。

提供交通行业政策咨询、与交通相关的政府管理规章，与公众出行、客货运输企业、车辆、驾驶员管理相关的规定与政策法规。

2）提供道路周边餐饮、住宿、旅游景点等相关信息。

3）用户资料管理、用户回访等信息。

5.5.4　主要性能

1　服务时间应为7×24h。

2　从用户呼叫进入到呼叫服务中心热线应答时限应不大于3s。

3　呼叫处理性能。

1）系统呼叫处理故障率应小于0.005。

2）系统接收有效号码后选择差错概率应小于0.000 02。

3）系统因故障造成已经建立的连接提前释放的概率应小于0.000 02。

4）系统因故障造成应释放的连接不能释放的概率应小于0.000 02。

5）系统因故障误送提示音差错的概率应小于0.000 05。

4　每个坐席同步录音系统应配置保存40d以上音频的容量。

5　设备平均无故障工作时间（MTBF）不低于45 000h。

6　系统可靠性。

1）服务器采用高可靠性结构、容错结构或其他可靠性技术。

2）系统的硬件和软件相互配合，提供一定的故障管理能力。

3）能保证各类数据传输的完整性和准确性。

7　安全性。

具备完备的安全保障体系，有严格的用户权限管理、数据防抵赖保护及详细的记录日志等。

8　扩展性。

系统具有可扩展性，能满足远期中继电路、坐席数量等扩容需求。

5.5.5　应用软件

呼叫服务中心应用软件应包括以下子系统：

1　CTI控制子系统

提供用户通过PSTN或其他手段接入到呼叫服务中心的功能，对电话交换系统和计算机系统进行有效集成管理。

2　呼叫接入及排队子系统

提供最基本的呼叫管理功能，实现电话、传真呼入、呼出功能；提供多种排队策略；丰富的路由方式，可以根据不同条件路由至IVR、队列、坐席和分机等。

3　坐席子系统

利用人工业务坐席受理用户服务请求。

4　业务处理子系统

处理各种具体业务，包括自动语音应答、录音、传真应答、短信服务、E-mail 回复、Web 服务等。

5　系统维护管理子系统

对系统软硬件资源进行监控和管理，包括系统运行状态管理、系统配置、统计管理、日志管理等，并对各种业务数据进行统计分析，为服务人员决策提供依据。

5.6　紧急电话系统

5.6.1　系统构成

1　基本构成

紧急电话系统包括紧急电话主控设备、紧急电话分机和传输介质等。

2　设置原则

1）紧急电话主控设备应设置在路段监控（分）中心或隧道管理站、桥梁管理所。

2）高速公路两侧应合理设置紧急电话分机。

（1）普通路段两侧应根据相邻地区已通车项目的紧急报警设施的使用率和使用效果，合理设置紧急报警设施。

（2）隧道监控等级为 A+、A、B 等级的隧道应设置紧急电话，隧道监控等级为 C 等级的隧道可设置紧急电话。隧道段紧急电话分机在隧道洞外距入、出洞口约 10m 处各设置 1 台，在洞内从入口 30～50m 处开始以约 200m 间隔设置，宜与摄像机等间距设置，且宜设置于紧急停车带或人行、车行横洞前侧。

（3）应在特大桥主桥区段设置紧急电话。大桥段紧急电话分机在大桥起、终点分别设置 1 对，在桥上沿上下行行车方向按照每 500～1 000m 的间距设置 1 对。

注：本节所指的"特大桥"应为按一个独立项目进行申报审批的特大桥工程。

（4）在避险车道处应设置 1 部紧急电话分机。

5.6.2　系统功能

1　紧急电话主控设备

1）识别、定位和显示紧急电话分机的呼叫。

2）建立、中断和保持呼叫分机的接续。

3）可大于两路同时排队报警，存储和显示同时发生的呼叫。

4）具有自动录音及回放、查询统计及打印功能。

5）具有系统自动测试和远程控制功能。

6）具有数据库管理功能，包括信号区段、桩号、呼叫分机号码、呼叫通信时间、事故类型和帮助类型等，实现人机对话。

7）应能够提供对外联络接口，方便接警协调处理，实现统一的组织救援。

8）系统间应具备互联、级联功能。

2　紧急电话分机

紧急电话分机与紧急电话主控设备可实现全双工通话，分机与分机之间不做转接。

5.6.3　系统配置

1　紧急电话主控设备

1）紧急电话主控设备主要由紧急电话控制主机、紧急电话管理计算机及相应外设、打印机、录音机（主机内置）和值班电话机等组成。

2）主控设备宜与呼叫服务中心系统联网。

2　紧急电话分机

1）一般要求。

（1）紧急电话分机应适应背景噪声大、湿度大、油烟大、污染严重的特点，具有防腐、防水、防尘、防盗等功能，防护等级应不低于 IP65。

（2）紧急电话分机应有明显反光标志，标志的图案和颜色应符合 GB 5768 的要求。

（3）紧急电话分机在隧道内和隧道口处采用 220V 供电方式、路侧采用太阳能供电方式。

2）隧道内紧急电话分机宜设置在可容人的预留洞室。预留洞室应配置隔声门，室内应配置照明，送话器高度宜距车道面 1.2～1.5m。在隧道侧壁紧急电话洞室上方应安装内部照明方式电光标志，标志板面尺寸宜为 25cm×40cm，电光标志亮度应为 15～300 cd/m^2，箱体防护等级不低于 IP65。

3）紧急电话设施可采用光、电缆及无线传输方式，隧道区段宜采用光缆传输。

5.6.4　系统性能

1　音频接口：VF2/4W 接口符合 GB/T 6879 要求。

2　可采用 RS232C、RS485 或 10/100M 等数据接口形式。

3　隧道内紧急电话分机前方 40cm 处测得的额定声压级不低于 95dB（A），其他紧急电话分机前方 40cm 处测得的额定声压级不低于 90dB（A）。

4　平均无故障工作时间应不小于 100 000h（电池除外）。

5　紧急电话分机应装有避雷元件，接地电阻不大于 10Ω。

5.7　有线广播系统

5.7.1　系统构成

1　基本构成

有线广播系统包括有线广播主控设备、功放设备、扬声器和传输介质等。

2　设置原则

1）有线广播主控设备应设置在路段监控（分）中心或隧道管理站、桥梁管理所，宜与紧急电话主控设备共用一套软硬件平台。

2）高速公路沿线应合理设置有线广播系统。

(1)隧道监控等级为A+、A、B等级的隧道应设置有线广播系统,隧道监控等级为C等级的隧道可设置有线广播系统。隧道段有线广播扬声器设置在隧道洞外入、出口,洞内宜每隔50m设置1台,遇车行横洞、人行横洞与紧急停车带时应适当加密。

(2)应在特大桥主桥区段设置有线广播,桥上沿上下行行车方向按照每30~40m的间距设置1对,宜利用上、下行行车方向右侧的路侧灯杆安装。

注:本节所指的“特大桥”应为按一个独立项目进行申报审批的特大桥工程。

(3)在避险车道处宜设置有线广播。

(4)事故多发地段、长下坡区段、气象恶劣区段、交通量大及互通区段等重点区段可根据需要设置路侧有线广播系统。

(5)各收费站可根据管理需要设置背景音乐广播系统。

5.7.2 系统功能

有线广播系统功能如下:

1 具备全呼、分组群呼和单呼功能。

2 具有音源多路切换选择及音量调节功能。

3 具有自动录音及回放功能。

4 有线广播具备与监控系统信息联网功能。

5 具有远端功放和扬声器工作状态检测功能。

5.7.3 系统配置

1 有线广播主控设备主要由主控制器、管理计算机及相应外设、播音设备和录音设备等组成,主要完成播音、录音、系统控制、处理和检测等功能。

2 功放设备及扬声器。

1)一般要求:

(1)扬声器宜采用号角式扬声器,面向行车方向安装,扬声器的朝向可调节。

(2)系统应具备划分音区的功能,能够以功放设备作为划分音区的基本控制单元。

(3)功放设备功率应根据所带负载扬声器总功率增加20%的余量配置。

(4)应能适应背景噪声大、湿度大、油烟大、污染严重的特点,具有防腐、防水、防尘、防盗等功能,防护等级应不低于IP65。

2)扬声器功率:

(1)隧道洞内宜采用功率为20W的扬声器,洞口处采用一对功率为30W的扬声器。

(2)特大桥有线广播系统宜采用功率为30W的扬声器。

3)隧道内功放设备宜与紧急电话分机共用同一预留洞室。

3 有线广播系统宜采用光缆传输方式。

5.7.4 系统性能

有线广播系统性能如下:

1 语音频带下限不高于300Hz,上限不低于3 400Hz。

2 非线性失真≤5%。

3 控制台信号发送电平≥0dB。

4 广播模块信号接受灵敏度≤-38dB。

5 声音清晰,无混响。

6 最大允许线路衰耗应不高于30dB(3 000Hz)。

7 录音存储时间≥500h。

8 平均无故障工作时间(MTBF)≥100 000h。

9 防护等级应不低于IP65。

5.8 无线通信系统

5.8.1 系统功能

1 高速公路无线通信系统是高速公路通信网的重要组成部分,是高速公路范围内实现宽带无线接入的支撑系统。主要业务包括车辆的自动识别,电子不停车收费,道路、桥梁、隧道等基础设施监测,车辆与路侧系统的数据交互等。

2 根据技术发展情况,优先采用国家标准、交通行业标准和国内其他行业标准,国家和行业无相关标准的,可参考国际标准执行。同时,还应遵从国家有关无线电管理法规和频率管理的规定。

5.8.2 系统配置与主要技术指标

1 路侧点对点公路无线通信系统

路侧点对点公路无线通信系统可采用3.5GHz或2.4GHz固定无线接入。3.5GHz固定无线接入技术要求见表5-6。

表5-6 3.5GHz固定无线接入技术要求

技术类别	3.5GHz固定无线接入技术
技术标准	YD/T 5097
系统配置	中心站、终端站、网管系统
无线频段	3.5GHz
主要技术指标	覆盖距离:10~15km 组网结构:点到点、点到多点

2 专用无线短距离通信(DSRC)和高速无线局域网

车辆的自动识别、电子不停车收费、车辆与路侧系统的数据交互等业务,应采用具有自主知识产权的智能交通专用无线短距离通信(DSRC)和高速无线局域网技术。技术要求见表5-7。

表 5-7　短距离通信和高速无线局域网技术要求

技术类别	无线接入技术
技术标准	GB/T 20851 系列短程通信及高速无线局域网
系统配置	车载单元、路边单元、中心接入点、无线网络控制器
无线频段	5.8GHz
主要技术指标	覆盖距离:15～300m

6 支撑网系统

高速公路通信系统应依据传输网与业务网的技术体制和业务需求构建通信支撑网系统。支撑网由同步网、公共信令网、网络管理网组成。

6.1 同步网

6.1.1 系统构成

1 高速公路数字同步网应采用分布式多基准钟控制的组网方式,同步区原则上按照省(自治区、直辖市)来划分,各同步区内采用主从同步方式。

2 同步基准分配的主体架构为分层定时平台的结构,网络结构见图6-1。

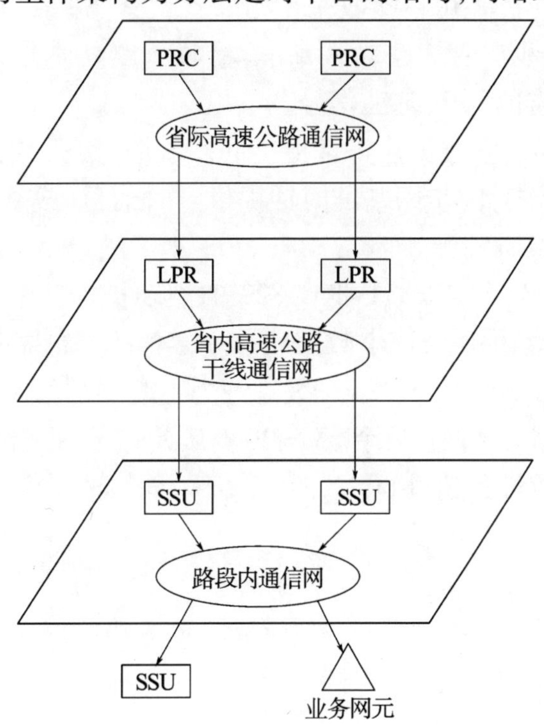

图6-1 高速公路数字同步网网络结构图

3 可设置全国基准时钟(PRC),为省际高速公路通信网提供同步源;在省内设置区域基准时钟(LPR),为省内高速公路通信网提供同步源,构成省内定时平台;在路段通信(分)中心设置同步供给单元(SSU),为路段内接入同步源,构成本地定时平台;路段内通信网从本地定时平台上获取同步信号。

6.1.2 同步网节点的配置

1　高速公路同步网各级节点的职能为:锁定跟踪同步基准信号,为下级同步节点以及本节点所在通信站点内业务网元提供同步基准的分配。

2　每个省(自治区、直辖市)宜设置两个区域基准时钟(LPR),即一个主用、一个备用,两者的设置位置应保证本同步区均有两个不同的定时源头覆盖。区域基准时钟(LPR)可由原子钟+卫星定位系统组成。

3　路段(分)中心设置本地网同步供给单元(SSU),采用二级节点时钟或三级节点时钟。

6.1.3　同步定时链路的组织

1　LPR 应有 4 路以上的定时输入信号,并考虑多套卫星定位系统的组合使用;其输出端口可根据工程需要配置为“1+1”冗余式输出信号或“1+0”非冗余式输出信号。在卫星定时系统可用的正常情况下,区域基准钟 LPR 的主用基准来源为卫星定时系统,备用基准来自 PRC;卫星定时系统不可用时,LPR 同步于 PRC。

2　二级节点时钟至少应接收 2 路从省内定时平台获得的直接源自于本省的 LPR 基准信号;如果网络条件允许,还可再接收来自相邻省的其他 LPR 基准信号。

3　三级节点时钟至少应有 2 路输入基准,接收 2 路从本地定时平台获得的直接源自于二级节点时钟或本省的 LPR 基准信号。

4　当省级 LPR 尚未建立或无法正常提供同步源时,可采用省级通信中心数字程控交换机时钟(二级时钟)作为同步网基准时钟提供定时信号,或从同级电信公网数字链路中提取定时信号作为外接时钟源。

5　极长定时链路的设计应以 ITU-T G.823 的漂动指标分配为原则。以一级时钟为主时钟源的一条主时钟路由中 SSU 个数不超过一定值 k。如果一级时钟源为 PRC,则 $k=7$;若一级时钟源为 LPR,则 $k=5$。以一级时钟为主时钟源的一条主时钟路由中相邻两个 SSU 之间 SDH 网元数不超过 N 个,$N=20$。从始端到末端全程串入的符合 ITU-T G.813要求的 SEC 时钟数量不超过 60 个。

6.1.4　同步基准传送

定时基准的传送应采用逐级跟踪的树状结构,低等级的时钟从高等级的时钟获取定时基准并按规定顺序传给更低等级的时钟;局内定时信号应采用并行方式分配。

6.1.5　其他要求

1　数字同步网设计与实施应符合 YD/T 5089 的要求,有关设备应符合相关国家标准的要求。

2　SDH 网元的时钟性能应符合 ITU-T G.813 的规定,其定时功能应符合 ITU-T G.783的规定;SDH 网元应具有同步状态信息功能 SSM,并符合 ITU-T G.781 的规定。

3　一级基准时钟设备整机的平均无故障工作时间(MTBF)应不低于 4 年,二级、三级节点时钟设备的平均无故障工作时间(MTBF)应不低于 10 年。设备应能够连续、稳定地提供定时基准信号，设备的主要功能，如定时输出功能应有冗余配置，设备板卡在运行时可带电插拔。

4　各级时钟的性能要求见表6-1。

表6-1　各级时钟的性能要求

时钟等级	最低准确度	牵引范围	最大频率偏移	初始最大频率偏差
一级	$\pm1\times10^{-11}$	—	—	—
二级	$\pm4\times10^{-7}$	能够同步到准确度为 $\pm4\times10^{-7}$ 的时钟	$<1\times10^{-9}/d$	$<5\times10^{-10}$
三级	$\pm4.6\times10^{-6}$	能够同步到准确度为 $\pm4.6\times10^{-6}$ 的时钟	$<2\times10^{-8}/d$	$<1\times10^{-8}$

5　同步网系统应作为时间同步源为高速公路监控、收费等系统提供时间同步服务，时间同步源相对精度为100～1 000ms。

6.2　公共信令网

6.2.1　系统构成

1　公共信令网应采用我国No.7信令方式，由信令转接点（STP）、信令点（SP）和信令链路组成。

2　公共信令网的信令转接点（STP）宜采用与交换系统（SP）合设在一起的综合式信令转接设备。

6.2.2　系统功能

No.7信令网主要完成省域长途电话网及省际长途电话网的自动、半自动电话接续。

6.2.3　系统配置

1　No.7信令网的网路等级分为两级。

2　应采用STP设备双备份的措施来保证信令网络的可靠安全性，即在省级通信中心及信令点集中的（分）中心设置STP。

3　在路段通信（分）中心设置信令点（SP）。

4　省级通信中心STP与备份STP之间应设置两条信令链路，并尽可能分配在完全分开的物理路由上；SP至省级通信中心STP、备份STP之间可各设置一条信令链路，采用固定连接方式，两条信令链路组间采用负荷分担的方式工作；两个SP之间在话务量足够大时，可设置直达信令链路，此时应包括两条信令链路。

信令网结构示意如图6-2所示。

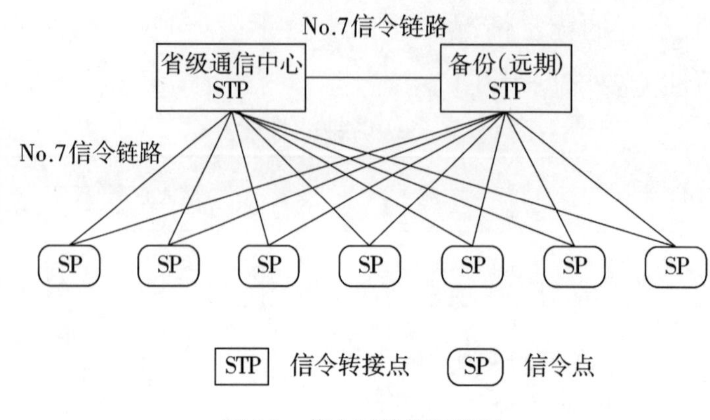

图 6-2 信令网结构示意图

6.2.4 主要性能

1 一条 64kbit/s 信令链路的正常负荷为 0.2Erl,最大不应大于 0.4Erl。

2 STP 设备信令链路数量应不小于 256 条,信令处理能力不小于 40 000 消息/s。

6.3 网络管理网

6.3.1 系统规模

1 基本规模

1)路段通信(分)中心设置网元级管理系统,对所辖的程控交换机、光传输网、综合业务接入网、通信电源、紧急电话、有线广播、会议电视设备、呼叫服务中心设备等网元进行管理。

2)省级通信中心设置子网级管理系统,与网元级管理系统互联,对省内本厂家所提供的语音业务网、光传输网、通信电源、时钟同步网络、会议电视设备、呼叫服务中心设备以及网管系统进行管理。

2 扩展规模

省级通信中心设置网络级综合网管系统,对省内多厂家提供的子网级管理系统互联,对省内语音业务网、光传输网、通信电源、时钟同步网络、会议电视设备、呼叫服务中心设备以及网管系统进行管理,即通过一套网管软硬件管理平台对互联的不同网络运行、维护、操作等实施各种管理和控制。

6.3.2 系统功能

实现对网络、设备、业务的运行状态、性能进行监视、监测和控制,具有性能管理、故障管理、配置管理、统计管理、安全管理等五项功能。

1 性能管理

主要对网络和网元进行性能监视,采集相关的性能统计数据,处理测量数据,分析测量结果,并采取必要的网络管理控制行为,以改善和优化网络、网元的性能水平。

2 故障管理

提供对网络及其环境的异常情况处理的支持手段,包括故障时间和位置的判定,并完成对相应故障修复的处理。

3 配置管理

用于控制、鉴别网元,从网元收集配置信息及提供数据给网元。

4 统计管理

对网络业务的使用进行度量统计。

5 安全管理

对网络和网元进行安全管理,保证网络的安全;同时实现网管系统本身的安全管理。

6.3.3 系统配置

1 网元级管理系统硬件平台由工作站、打印机、数据通信设备(如交换机、调制解调器等设备)等组成。

2 子网级、网络级综合网管系统硬件平台由服务器、打印机、数据通信设备(如交换机、调制解调器等设备)等组成。

3 软件平台应支持开放型操作系统。

6.3.4 主要性能

1 网管系统应支持本地接入和远端接入能力,支持多用户同时操作。

2 网管系统管理能力应具有可扩展性,当被管理网络规模增大时,其网管性能应能得到保证。

3 网管系统的本身故障和软件升级不应对业已存在的网络结构和正常的传输业务通道产生任何影响。

4 应支持异地主备用配置、备份以及备份数据恢复功能。

7 通信光、电缆

7.1 系统构成

1 光缆线路是指通信站内光缆终端设备到相邻通信站的光缆终端设备之间的光缆路由以及由外场设备至通信站的光缆路由，由光缆、光纤连接及分歧设备构成。光缆线路用于通信网络（干线网、接入网）和外场图像、数据的传输介质，可分为主干光缆和辅助光缆。

2 电缆线路主要指通信系统终端设备之间的连接电缆。

7.2 光缆的选择

1 光传输网中应使用单模光纤。光纤的选择必须符合国家及行业标准和 ITU-T 相关建议的要求。

2 短距离通信宜选用 1 310nm 波长，长距离通信宜选用 1 550nm 波长。

3 光缆中的光纤类型宜采用 G.652 D 型光纤。

4 光缆结构宜采用松套全填充型方式。同一条光缆内应采用同一类型的光纤。

5 光缆应采用管道敷设方式，特殊情况可采用直埋或架空方式。

6 光缆护层结构应根据敷设地段环境、敷设方式和保护措施确定，光缆护层结构的选择应符合下列规定：

1）采用管道保护的光缆应选用 GYTA、GYTS、GYFTY 等结构。

2）直埋光缆应选用 GYTA53、GYTA33、GYTY53 等结构。

3）架空光缆应选用 GYTA、GYTS、GYTY53、GYFTY 等结构。

7 光缆中光纤数量的配置应充分考虑到联网需求、网络冗余要求、未来预期系统制式、传输系统数量、网络可靠性、新业务发展、光缆结构等因素。

主干光缆光纤芯数配置应满足以下需求：相邻干线节点间传输光纤数量不低于 4 芯，路段内光纤用户接入网光纤数量 4 芯，省级通信中心及核心网络所处路段扩展备用光纤数量不低于 24 芯，其他路段扩展备用光纤数量不低于 12 芯，国家高速公路应为省际间联网增配至少 8 芯。

辅助光缆芯数按实际需要进行配置，国家高速公路辅助光缆芯数备用及预留至少 180% 的余量，其他高速公路辅助光缆芯数备用及预留至少 150% 的余量。

8 G.652 光纤接头单纤衰减平均限值（测试波长为 1 310/1 550nm）应不大于 0.06dB，最大值应不大于 0.12dB。单纤冷接衰减应不大于 0.1dB/个。

7.3 电缆的选择

1 电缆的选择必须符合国家及行业标准和ITU-T相关建议的要求。

2 应满足设计传输速率、衰减、特性阻抗、串音防卫度和耐压等指标的要求，应具有足够的机械强度和阻燃性能。

3 机房内成端电缆应采用非延燃型电缆，严禁采用填充型。

4 业务电话电缆容量可按满足年限内所收容的用户数的1.2～1.5倍配置，结合电缆的标称系列选用。

7.4 光缆的敷设

1 管道光缆占用的管孔在管群中的位置应遵从“先左后右”、“先下后上”的原则。

2 在标称内径不低于ϕ90mm的标准管孔内应一次性穿放数量不小于3孔的子管，子管在两人（手）孔间的管道段应无接头。

3 光缆接头盒应能承受振动频率为10Hz、振幅为±3mm、振动次数为10^6的振动。

7.5 光纤配线架

1 光缆固定与保护功能。

应具有光缆引入、固定和保护装置。该装置具有以下功能：

1）将光缆引入并固定在机架上，保护光缆及缆中纤芯不受损伤。

2）光缆金属部分与机架绝缘。

3）固定后的光缆金属扩套及加强芯应可靠连接高压防护接地装置。

2 应具有纤芯保护装置和光纤终接装置，光缆开剥后纤芯应有保护装置并固定后引入光纤终接装置。

3 调线功能。

通过光纤连接器接头，能迅速方便地调度光缆中的纤芯序号及改变光传输系统的路序。

4 光学性能。

采用PC型光纤接头截面工艺，光纤连接器光学性能指标应符合表7-1要求。

表7-1 光纤连接器光学性能指标 单位：dB

单模（1 310nm及1 550nm）			
插入损耗（PC型）	附加损耗*	回波损耗（PC型）	回波损耗变化量
≤0.5	≤0.2	≥43	≤5

注*：抗拉试验、运输试验附加损耗应不高于0.1。

5　跳纤、尾纤。

宜采用PC型光纤连接器，连接的跳纤、尾纤应符合下列要求：

1）衰减：≤0.5dB/km。

2）外径不圆度：≤10%。

3）抗拉力强度：≥150N。

4）最小弯曲半径：30mm。

5）温度特性：-40～+80℃时，光纤附加衰减≤0.2dB/km。

8　通信电源系统

8.1　系统构成

通信电源由交流供电系统、直流供电系统、防雷接地系统、电源管理系统等构成。

8.2　系统功能

1　交流供电系统应采用 UPS 供电系统对通信网络中的各种网管、维护和计费等终端及其他必要设备提供不间断交流供电。

2　通信站用直流基础电源电压应为 -48V，为传输、接入及程控交换等通信设备提供直流供电。

3　通信电源管理系统应对通信站内通信电源设备集中监控，还可对通信机房的环境等进行智能集中监控，实现对通信站电源的遥控、遥测、遥信功能，具体功能应包括：

1）遥测功能：输入电压，输入电流，输出电压，输出电流，蓄电池充、放电电流。

2）遥信功能：电压过压/欠压，缺相，输出过流，频率过高/过低，熔丝故障，工作状态（开/关机，均/浮充测试，限流/不限流）。

3）遥控功能：开关机状态转换、均充/浮充/测试工作状态转换。

4）数据处理功能：对监测数据进行智能分析、处理，为维护人员提供参考信息和建议，尽可能使系统和设备处于最佳运行状态，提高系统稳定性。

5）告警功能：包括输入电源故障、输出电压过高或过低、主要配电柜开关状态、稳压器故障告警、整流模块故障、监控模块故障、熔丝故障等。

6）系统查询功能：能够保存告警数据、操作数据和监控数据至少一年。

7）统计报表功能：生成要求的统计报表及曲线，提供日、月、年报表和曲线。

8.3　系统配置

8.3.1　交流电源

1　交流电源由市电和自备发电机组电源组成，应按一级负荷供电。

2　要求交流不间断供电的通信负荷，应采用 UPS 供电系统供电（含电池），其容量可按下式计算：

$$E \geqslant 1.2P \tag{8-1}$$

式中：E——不间断电源系统的基本容量（不包含备份不间断电源系统设备）[kW/(kV·A)]；

P——设备的计算负荷[kW/(kV·A)]。

电池容量后备时间应不小于60min。

8.3.2 直流电源

直流电源由整流配电设备和蓄电池组组成，对通信设备采用集中供电方式供电。

1 整流配电设备

1）整流电源采用高频开关组合电源，由多组同规格整流模块并机工作，应能与蓄电池并联以浮充或均充工作方式向通信设备供电。

2）整流电源根据通信站设备供电负荷的要求计算容量，并按 $n+1$ 冗余方式配置。通信站设备用电负荷及整流模块容量可参考表8-1。

表8-1 通信站设备用电负荷及整流模块容量配置参考表

通信站	交换机（SPC）	干线传输（ADM、REG）	接入设备（OLT、ONU）	区域基准时钟（LPR）	蓄电池	合计	整流模块配置容量
省级通信中心（A）	20	8		8	40	76	120
路段通信（分）中心（A）	20	8	0或6		40	68或74	120
基层无人通信站（A）		0或8	6		10	16或24	30或60

2 蓄电池组

1）采用全密封免维护阀控式铅酸蓄电池组，蓄电池的电压要求见表8-2。

表8-2 全密封免维护阀控式铅酸蓄电池的电压要求

通信站	浮充电压（V/cell）	再充电或均衡充电电压（V/cell）	初充电电压（V/cell）
省级通信中心 路段通信（分）中心 基层无人通信站（设置干线中继节点）	2.23~2.27	2.30~2.35	2.35
基层无人通信站	13.38~13.62	13.80~14.10	14.10

2）省级通信中心、路段通信（分）中心、设置干线中继节点的基层无人通信站应配置2组蓄电池，其他基层无人通信站配置1组蓄电池，每组容量应能确保设备正常运行8h以上。

8.3.3 电源管理系统

1 电源管理系统由电源监控模块、电源管理计算机及相关软件等组成。

2 电源管理计算机应设置于路段通信（分）中心，宜与传输系统网管终端结合设置。

3 电源监控模块应具备远端维护管理接口，适合无人值守的要求。能够在路段通信（分）中心通过电源管理计算机，对通信电源系统（包括整流电源、蓄电池等）进行远端监测和维护。

8.3.4 防雷接地系统

参见附录E:通信防雷与接地要求。

8.4 系统性能

8.4.1 高频开关组合电源

1 交流输入过欠电压保护性能

1)过压保护电压的设定不应低于额定电压值的115%(单相应不低于253V,三相应不低于437V)。

2)欠压保护电压的设定不应高于额定电压值的80%(单相应不高于176V,三相不高于304V)。

2 均分负载(并机工作)性能:并机工作时整流模块自主工作或受控于电源监控模块时应做到均分负载。

3 直流输出电压可调节范围:43.2~57.6V。

4 直流输出电流的限制性能:整流应具有直流输出电流的限制功能,限制电流范围应在其额定值的105%~110%;当整流器直流输出电流达到限流值时,整流器应进入限流工作状态。

8.4.2 蓄电池组

1 蓄电池正常使用时保持气密和液密状态。

2 防爆性能:蓄电池内部产生的可燃性气体逸出后,遇到蓄电池外部的明火时在蓄电池内部不引燃、不引爆。

3 防酸雾性能:蓄电池在充电时,应抑制其内部产生的酸雾向外部泄放。

4 耐过充电能力:完全充电状态后的蓄电池应能承受过充电的能力。

5 环境温度:蓄电池应能够在环境温度-15~+45℃条件下使用。

9 通信管道

9.1 通信管道构成

高速公路通信管道主要由主干管道、分歧管道、人(手)孔及其他辅助性材料等组成,为高速公路机电工程、交通信息化敷设光缆和信号电缆的设施。

9.2 通信管道设置原则

1 通信管道为隐蔽工程,应与主体工程同步建设,并且协调好交叉施工,避免重复施工。

2 改、扩建公路应尽量利用原有通信管道,充分调研路段中央分隔带、土路肩、边坡、护坡道的现有状况,比选最佳路由,减少对通车道路的交通影响,并降低对原有道路的破坏和施工难度,节省投资。

3 高速公路通信管道容量应根据机电工程、交通信息化业务需求以及远期备用等因素进行设计。

4 干线通信管道容量要求见表 9-1。

表 9-1 干线通信管道容量参考表

用途 / 孔数 / 类别	公路交通专用	备 用	其 他	合 计
四车道高速公路	2	2	按需确定	≥4
六、八车道及其以上高速公路	3	3	按需确定	≥6

注:1. 表中管孔的直径指标称内径≥ϕ90mm 的标准管孔,一个管孔等效成 3 个子孔。

2. 备用管孔为国家高速公路通信系统干线联网及远期扩容专用。

3. 其他的管孔需考虑公用网和其他专用网的租用需求。

4. 枢纽互通前后的互通之间应根据省(自治区、直辖市)通信系统总体规划并结合项目在路网中的具体位置,在上述容量要求基础上,为后续接入的相交路段增加至少 1 个子孔的管道容量;分离式路基段应根据机电系统设备设置情况、通信系统传输需要以及隧道左、右线联通人井的位置在分离式路基全部或局部路段适当增加干线通信管道的容量;如高速公路存在共线段,应在共线段增加至少 4 个子孔的管道容量。

5. 环城高速公路干线通信管道容量不宜小于 8 个标准管孔。

5 高速公路通信横穿过路管道应至少按每公里 1 处进行预留,其他分歧通信管道容量应根据业务需求预埋,具体要求见表 9-2。

表 9-2 分歧通信管道容量参考表

用 途	数 量(孔)	出线方向
省级通信中心	≥8	单向分歧
路段通信(分)中心	≥6	单向分歧
收费站	≥4	单向分歧
隧道管理站、桥梁管理所	≥4	单向分歧
服务区	≥2	双向分歧
停车区、养护工区	≥1	双向分歧
监控外场设备	≥2	双向分歧
预留横穿	≥2	双向分歧
紧急电话	1	双向分歧
长度大于或等于 1 000m 隧道洞口	≥8	双向分歧
长度小于 1 000m 隧道洞口	≥6	双向分歧
其他网租用	按需确定	单向分歧

注:表中管孔的直径指标称内径≥ϕ90mm 的标准管孔,一个管孔等效成 3 个子孔。

9.3 通信管道路由和位置的确定

1 高速公路整体式路基段的通信管道敷设位置应优先选择在中央分隔带下,也可选择路肩、边坡、护坡道等位置,同时应与路基路面排水设施、绿化、安全设施等协调配合。

2 高速公路分离式路基段的干线通信管道路由宜选择在上、下行路基一侧。

3 隧道通信电缆沟应设置在隧道左、右洞行车方向的右侧。

4 通信管道的中心线应平行于道路中线。

5 高速公路通信管道应尽量避免与高压电力电缆在道路同侧敷设,当不可避免时,应符合 GB 50373 最小净距的要求。

9.4 通信管道的材料及选择

通信管道的材料(包括主干管材及其配套产品、横穿过路和过构造物的保护管材、管箱、桥架等和各种辅材)应符合国家或行业标准规定,并经省级以上检测机构检测合格后方可使用。

9.5 人(手)孔

1 人(手)孔的尺寸应根据管群容量和设置位置等因素确定。

2 人(手)孔应具有防水功能。

3 当纵向和横向建筑场地不允许且易受其他建筑工序干扰和环境损坏时，人(手)孔应采用钢筋混凝土结构；当纵向和横向建筑场地允许且不受其他建筑工序干扰和环境损坏时，人(手)孔可采用砖砌结构；在严重冻土地段或地下水位较高时，人(手)孔应采用钢筋混凝土结构。

4 中央分隔带和公路护栏外的人(手)孔地基不得占用高速公路路面。

5 人(手)孔内不得有其他管线穿越。

6 人孔内应设置排水管或积水罐，当填方高度满足设置排水管条件时，应尽量设置排水管。

9.6 通信管道的埋设深度

1 管道设置在中央分隔带时，管道埋深(管道顶部高程至中央分隔带表面设计高程之间的距离)不宜小于0.6m。如管道沿路侧敷设，应尽可能避免敷设在冻土层以及可能翻浆的土层内。在地下水位高的地区，宜浅埋一些。

2 管道设置在土路肩或道路排水沟两侧时，土质地段管道埋深(管道顶部高程至路面距离，以下皆同)不宜小于0.6m；石质地段不宜小于0.4m，并用水泥砂浆封沟。

3 通信管道横穿道路时，应设置保护套管，埋深不小于0.7m。横穿道路的分歧管道宜设置在路基和路面交界面处，可不破坏路面结构并能方便施工和保证管道安全。

4 管道埋设应有一定的坡度，以利于渗入管内的水流入人孔，由人孔排水管自然排出或定期抽走。

5 通信管道埋设在护栏柱埋深以下时，通信管道顶部至护栏柱底部间距应不小于15cm。

9.7 通信管道的段长和弯曲

1 采用牵引法敷设光(电)缆时，干线通信管道的段长应不大于160m；在匝道小半径路段，管道段长应不大于120m；采用气吹法敷设光(电)缆时，管道段长应不大于1 200m。

2 管道埋设在中央分隔带时，管道中心线应与道路中心线相一致并随道路弯曲而弯曲。

3 特殊路段可设计弯管道，弯管道的曲率半径应不小于36m。弯管道中心夹角宜尽量小，以减小光(电)缆敷设时的侧压力。同一段管道不应有反向弯曲(即“S”形弯)或弯曲部分的中心夹角大于90°的弯管道(即“U”形弯)。

附录 A　名词与术语

下列名词与术语适用于本技术要求。

A.1　一般名词与术语

A.1.1　交通工程及沿线设施

包含交通安全设施、服务设施和管理设施三种，其中管理设施包含监控设施、通信设施、收费设施、供配电设施、照明设施、通风设施、消防设施和房屋建筑等。

A.1.2　机电工程

包含监控设施、通信设施、收费设施、供配电设施（含隧道）、照明设施（含隧道）、隧道通风设施、隧道消防设施等。

A.1.3　隧道机电工程

包括隧道及隧道出入口区段的监控设施、通信设施、供配电设施、照明设施、通风设施和消防设施等。

A.1.4　公网

由主管部门或经主管部门批准的电信运营机构为公众提供电信业务而建立并运行的网络。

A.1.5　高速公路省级通信中心

与省级收费、监控中心同址设置，负责组织调度各路段通信（分）中心与省级中心之间的信息交换。

A.1.6　路段通信（分）中心

与路段收费、监控（分）中心同址设置，负责路段内通信业务的汇集和相邻路段通信业务的交换。

A.1.7　基层无人通信站

与高速公路沿线的收费站、隧道管理站、服务区、养护工区等同址设置，能以无人值守的方式完成路段内基础信息的传输和接入。

A.1.8 干线传输网

在省(自治区、直辖市)内由各路段通信(分)中心与省级中心之间建立起来的通信传输系统,它能有效地覆盖全省(自治区、直辖市)高速公路网,为全路网的语音、数据、图像等综合业务信息提供高速传输通道,是路段通信网上层的省域核心网络。

A.1.9 路段接入网

用于路段内将语音、数据、图像等各种管理业务信息进行传输的实体,是配置在干线通信网下面一层的各路段内部通信传输平台。

A.2 技术性名词与术语

A.2.1 平均无故障工作时间(MTBF)

不修复产品可靠性的一种基本参数,其度量方法为:在规定的条件下和规定的时间内,产品的寿命单位总数与故障总次数之比。

A.2.2 同步数字系列

国际光传送网标准。包括同步方式复用、交叉连接、传输,目的是使正确适配的净负荷在物理传输网上以固定比特率传输。

A.2.3 多业务传送平台(MSTP)

基于同步数字系列(SDH)技术,同时实现时分复用(TDM)、异步转移模式(ATM)、以太网等业务接入、处理和传送功能,并提供统一网管的网络。

A.2.4 光纤线路终端(Optical Line Terminal,OLT)

属于接入网的业务节点侧设备。

A.2.5 光纤网络单元(Optical Network Unit,ONU)

属于接入网的用户侧设备,为用户提供电话、数据通信等各种业务接口。

A.2.6 数字配线架(DDF)

数字复用设备之间、数字复用设备与程控交换设备或非话业务设备之间的配线连接设备。数字配线架上接收和发送共同构成一个系统,其中的每一个接收支路或每一个发送支路称为一个回线。

A.2.7 信令

在通信网的两个实体之间,传输专门为建立和控制接续的信息。

A.2.8　No.7 信令

具有独立的信令网络和网内统一的操作规程,用于建立和控制接续的一种共路信令系统。

A.2.9　汇接局

在本地电话网中,一种主要用于集散当地电话业务的电话交换局。

A.2.10　端局

在本地电话网中,一种通过用户线与终端用户直接连接的电话交换局。

A.2.11　直达路由

可以直达目的地而不需经过任何中间转接设备的路由。

A.2.12　H.264

ITU-T 的视频编码专家组(VCEG:Video Coding Experts Group)和 ISO/IEC 的活动图像编码专家组(MPEG:Moving Pictures Experts Group)的联合视频组(JVT:Joint Video Team)开发的一个数字视频编码标准,它既是 ITU-T 的 H.264,又是 ISO/IEC 的MPEG-4 的第 10 部分。

A.2.13　CIF

常用的标准化图像格式(Common Intermediate Format),对应视频采集分辨率为 352×288 像素。

A.2.14　D1

数字电视系统显示格式的标准,对应视频采集分辨率为 720×576 像素。

A.2.15　传输流(Transport Stream,TS)

根据 ISO/IEC 13818 协议定义的数据流,目的是为了在有可能发生比特值错误或分组丢失等严重错误的情况下进行一个或多个节目的传输和存储。传输流包括视频流、音频流、节目特殊信息流和其他数据包。

A.2.16　会议终端

用来将视、音频数据编码,打包,然后通过网络传送给远端,并接收远端传送来的数据,进行拆包、解码,网络与最终用户接触用以实现网络应用的设备。

A.2.17　多点控制单元(MCU)

用来控制多个用户相互通信的一种网络实体。

A.2.18 网守(GK)

ITU-T 制订的 H.323 建议中规定的一种网络实体。网守为 H.323 端点提供地址翻译和接入控制服务,并具有路由选择、带宽管理、参与呼叫信令控制和其他的分组网维护管理功能。

A.2.19 流媒体

以流方式在网络中传送音频、视频和多媒体文件的媒体形式。

A.2.20 丢包率

测试中所丢失数据包的数量占所发送数据包数量的比率,通常在吞吐量范围内测试。

A.2.21 排队机(ACD)

呼叫中心整个前台接入系统逻辑功能的描述:把接入的呼叫转接到正确的坐席员桌前。

A.2.22 用户电话交换机(PBX)

能进入公用电话交换网的专用电话交换机。

A.2.23 CTI 服务器

能将交换机技术与计算机网络技术结合起来,提取交换机信息和控制交换机;能监控 ACD/PBX 系统发生的各种语音事件,并进行智能化处理。

A.2.24 IVR 服务器

能以语音等形式来引导用户完成自我服务功能的设备或软件模块。

A.2.25 坐席

即坐席代表、话务员。负责接听用户的咨询、投诉、建议,确保信息传递的准确性和及时性,保证客户的满意度。

A.2.26 紧急电话主控设备

一般安装于监控室,负责接入外场紧急电话分机、管理和配置紧急电话系统,具备友好人机界面,提供处理呼叫、记录管理、系统检测、安全管理等功能的成套控制台设备,必要时可配备与监控系统的接口。

A.2.27　紧急电话分机

一般安装于高速公路路侧、隧道、桥梁的用于紧急呼叫，与紧急电话控制台实现双向通话的装置。

A.2.28　有线广播主控设备

一般安装于监控室，负责接入外场有线广播设备、管理和配置有线广播系统，具备友好人机界面，提供广播管理、记录管理、系统检测、安全管理等功能的成套控制台设备。

A.2.29　功放设备

有线广播系统中，对音频信号进行功率放大，以驱动广播扬声器的设备。具备检测和控制接口，定压输出。

A.2.30　号角式扬声器

发声器件，具备强指向性，可接受定压信号驱动。

A.2.31　遥控、遥测、遥信

遥控：应用通信技术，完成改变运行设备状态的命令。

遥测：应用通信技术，传输被测变量的测量值。

遥信：应用通信技术，完成对设备状态信息的监视，如告警状态或开关位置、阀门位置等。

A.2.32　阀控式密封蓄电池

蓄电池正常工作使用时保持气密和液密状态。

当内部气压超过预定值时，安全阀自动开启，释放气体；当内部气压降低后，安全阀自动闭合使其密封，防止外部空气进入蓄电池内部。蓄电池在使用寿命期间，正常使用情况下无须补加电解液。

A.2.33　光纤配线架（ODF）

光缆和光通信设备之间或光通信设备之间的配线连接设备。

A.2.34　同步

数字网的同步是数字网中所有设备时钟之间的同步。

A.2.35　主从同步方法

所有时钟都跟踪于某一基准时钟，通过将定时基准从一个时钟传给下一个时钟来取得同步。

A.2.36 最低准确度

时钟未接收频率基准时其频率相对标称频率的最大长期偏离。

A.2.37 牵引范围

时钟能受其他时钟同步的最大输入频率偏离(与标称频率相比)。

A.2.38 最大频率偏移

时钟在失去频率基准的情况下频率的单向最大变化率。

A.2.39 初始最大频率偏差

时钟在失去输入频率基准后的初始最大频率偏差。

A.2.40 信令点(SP)

信令网中的节点,既可以发生和接收信号消息,也可从一个信令链路到另一个信令链路转接信号消息,或者两方面都进行。

A.2.41 信令转接点(STP)

具有将信令消息从一个信令链路转接到另一个信令链路的功能的信令点。

A.2.42 网元级管理系统

为了管理路段范围内一个或多个通信设备所使用的软硬件系统。

A.2.43 子网级管理系统

为了管理省域内一个通信子网如语音业务网、光传输网、综合业务接入网、通信电源、时钟同步网络、会议电视设备、呼叫服务中心设备或网管系统所使用的软硬件系统。

A.2.44 网络级综合网管系统

为了管理省域内多厂家提供的全部通信设备所使用的软硬件系统。

A.2.45 防静电活动地板

用支架和横梁连接后架空的防静电地板。活动地板,亦称装配式地板。

A.2.46 防静电水磨石

一种水磨石的新型工艺。采用无机导电相材料独特配方、特殊工艺制造,防静电性能稳定,安全可靠,耐磨持久。其外观及建筑性能与普通优质水磨石无异。

A.2.47 跳纤(Optical Fiber Jumper)

一根两端带有光纤连接器插头的光缆。

A.2.48　尾纤(Pigtail)

一根一端带有光纤连接器插头的光缆。

A.2.49　接地汇流排(Earth Terminal)

与接地母线相连,并作为各类接地线连接端子的矩形铜牌。

A.2.50　联合接地(Common Earthing)

基础接地和其他专设接地体相互连通形成一个共用地网,并将机电设备的工作接地、保护接地、屏蔽体接地、防静电接地以及防雷接地等共用一组接地系统的接地方式。

A.2.51　等电位连接(Equipotential Bonding)

将不同的电气装置、导电物体等,用接地导体或浪涌保护器以某种方式连接起来,以减小雷电流在它们之间产生的电位差。

A.2.52　浪涌保护器(Surge Protective Devices,SPD)

通过抑制瞬态过电压以及旁路浪涌电流来保护设备的装置。它至少含有一个非线性元件。

A.2.53　人孔

线路操作人员可进入进行施工、安装及维护的工作空间。

A.2.54　手孔

线路操作人员非进入进行施工、安装及维护的工作空间。

A.2.55　管道容量

通用管孔(管孔内径≥90mm)的孔数;桥梁通信管箱横断面有效尺寸;隧道通信电缆沟横断面有效尺寸。

A.2.56　管道路由

管道埋设的路径。

A.2.57　管道段长

相邻两个人(手)孔中心之间的距离。

A.2.58　管道埋深

管道顶部至相应地表面之间的距离。

A.2.59 干线管道

沿着高速公路主线走向敷设的通信管道。

A.2.60 分歧管道

从干线通信管道分歧至公路沿线设施和外场终端设备所需的管道。

附录 B　高速公路通信网长途区号分配表

省(自治区、直辖市)内、港澳台地区电话交换网应统一编号。每个省(自治区、直辖市)及港澳台地区为一个长途区号,可采用与公网相同区号或其三位号的前两位。用户编号视用户容量确定,可采用 5 位编号;用户数量较多时,可采用 6 位编号。

高速公路通信网长途区号分配见表 B-1。

表 B-1　高速公路通信网长途区号分配表

名　称	编　号	名　称	编　号
北京	10	广东(广州)	200
上海	210	广西(南宁)	771
天津	221	江西(南昌)	791
河北(石家庄)	311	海南(海口)	898
山西(太原)	351	四川(成都)	280
河南(郑州)	371	重庆	231
辽宁(沈阳)	240	贵州(贵阳)	851
吉林(长春)	431	云南(昆明)	871
黑龙江(哈尔滨)	451	西藏(拉萨)	891
内蒙古(呼和浩特)	471	陕西(西安)	290
江苏(南京)	250	甘肃(兰州)	931
山东(济南)	531	宁夏(银川)	951
安徽(合肥)	551	青海(西宁)	971
浙江(杭州)	571	新疆(乌鲁木齐)	991
福建(福州)	591	香港	852
湖北(武汉)	270	澳门	853
湖南(长沙)	731	台湾	886

附录 C　通信机房要求

本附录规定了省级通信中心机房、路段通信(分)中心机房、基层无人通信站机房的装修、环境、安全等要求。

C.1　一般规定

1　机电系统机房一般包括电源室(含进线室)、通信设备机房、通信管理终端机房、监控大厅。电源室一般设置在一楼,通信设备机房、通信管理终端机房、监控大厅等机房宜设置在二楼或以上,且相互靠近,由房建工程统筹考虑。

2　UPS 和参数稳压电源(如有)应放置在电源室,且场区电缆井应与进线室内的电缆沟相通。

3　省级中心监控大厅净空高度应不小于 6.0m;其他监控大厅净空高度应不小于 4.5m;其余机房要求净空高度应不小于 3.2m。

4　机房应采用矩形平面,不应采用圆形、三角形等不利于设备布置的机房平面;且各房间内不设立柱。

5　机房地面的等效均布活荷载应不小于 $8kN/m^2$。

6　机房应充分考虑节能环保的要求。

C.2　引用标准和参考资料

GB 50174	电子信息系统机房设计规范
YD/T 1712	中小型电信机房环境要求
YD/T 1821	通信中心机房环境条件要求
YD/T 2057	通信机房安全管理总体要求
YD/T 5003	电信专用房屋设计规范
YD/T 5024	SDH 本地网光缆传输工程设计规范
SJ/T 10796	防静电活动地板通用规范

C.3　装修要求

C.3.1　面积

1　省级监控中心电源室面积应不小于 $30m^2$(如 6m × 5m);省级通信中心设备机房

面积应大于160m²(如14m×12m),通信管理终端机房面积应大于40m²(如7.2m×5.7m);监控大厅面积不应小于300m²,一般400~500m²比较适宜;其他功能房间(对外数据复接室、信息发布机房、应急会商室、设备维护室、呼叫中心管理终端机房等)可根据需要设置。

2 监控(分)中心电源室面积应不小于20m²(如3.6m×5.7m);通信(分)中心设备机房面积宜为50m²(如9.6m×5.7m),通信管理终端机房面积宜为20m²(如3.6m×5.7m);监控大厅面积不小于120m²(如12m×10m,应根据设备数量、设备布置来确定);其他功能房间可根据需要设置。

3 隧道管理站或桥梁管理所电源室面积宜为18m²(如3.6m×5.4m);通信设备机房面积宜为18m²(如3.6m×5.4m);监控大厅面积不小于80m²(如10m×8m,应根据设备数量、设备布置来确定)。

4 其他管理机构如收费站、服务区等电源室面积宜为18m²(如3.6m×5.4m);设置的基层无人通信站机房面积宜为18m²(如3.6m×5.4m)。

C.3.2 门

1 机房的外门宜向走道开启。

2 监控大厅与省级中心及路段(分)中心的电源室、通信设备机房、通信管理终端机房宜采用双开门,门洞宽度不宜小于1.8m;基层无人通信站及其他管理机构电源室可采用单开门,门洞宽度不宜小于1.2m。

3 门洞高不宜小于2.2m。

C.3.3 窗

1 通信机房宜设双层窗、中空玻璃或单框双玻窗等,宜设遮光窗帘,窗外应设防盗窗。

2 窗应具有较好的防尘、防水、抗风、隔热、节能的性能,应满足机房洁净度要求。

C.3.4 地面

1 机房地面应采用防静电活动地板或防静电半硬质塑料地板、防静电地板毡等。

2 当采用防静电活动地板时,防静电地板铺设高度以25cm为宜,活动地板必须进行静电连接。活动地板下的地面和四壁装饰应选用不起尘、不易积灰、易清洁的饰面材料,同时要求地面材料应平整耐磨。

3 当采用防静电半硬质塑料地板、防静电地板毡时,应预留走线槽。

C.3.5 墙面与顶棚面

1 墙面与顶棚面应采用不能燃烧的材料。墙面与顶棚面应平整、光洁、无裂缝、不反光、不积灰尘,涂料应采用乳胶漆、防静电涂料等。

2 吊顶宜选用不起尘的吸声材料。

3 机房内的装饰材料应为非燃烧材料或难燃烧材料。

C.3.6 交流电源插座

墙上必须设有插座，单相5A插座6个（两极单相插座3个，三极单相插座3个），三相10A插座2个，插座安装高度宜距防静电地面300～500mm。

C.3.7 机房建筑要求

机房建筑要求见表C-1。

表C-1 机房建筑要求

项　目	指　标
给排水要求	给水管、排水管、雨水管、暖气管等不宜穿越机房，消防栓不应设在机房内
空调安装位置	应避免空调出风直接吹向设备
其他要求	应避免真菌、霉菌等微生物的繁殖，防止啮齿类动物（如老鼠）的存在

C.4 环境要求

C.4.1 温湿度、气压条件

1 机房气压应不低于70 kPa，且不高于106kPa。

2 机房内温湿度条件要求见表C-2。

表C-2 温湿度条件

机房类型	温　度	相对湿度	温度变化率
监控大厅、通信管理终端机房	18～28℃	40%～70%（≤30℃）	±10℃/h
电源室、通信设备机房	15～30℃	20%～80%（≤30℃）	±10℃/h

C.4.2 洁净度条件

洁净度条件要求见表C-3。

表C-3 洁净度条件

环境参数		单　位	条件（允许值）
尘（漂浮）	单位体积质量	mg/m^3	≤0.1
	直径大于0.5μm粒子浓度	粒/L	≤3 500
	直径大于5μm粒子浓度	粒/L	≤30

C.4.3 静电干扰

1 机房内的防静电活动地板应符合SJ/T 10796规定的技术要求，其他防静电地面参照执行。

2 墙壁和顶棚表面应光滑平整，减少尘埃。

3　机房内的工作台、椅、终端台应防静电。

4　机房内的图纸、文件、资料、书籍等应存放在防静电屏蔽柜内。

C.4.4　电磁场干扰

1　机房内无线电干扰场强，在频率范围 0.15 ~ 1 000MHz 时不应大于 126dB。

2　机房内磁场干扰场强应不大于 800A/m。

C.4.5　照明要求

1　机房应以电气照明为主，避免阳光直射入机房内和设备表面上。

2　机房内的照明分为由市电供电的正常照明、由柴油发电机或其他备用电源供电的保证照明、在正常照明电源中断而备用电源尚未供电时暂由蓄电池供电的事故照明等。各类机房对于照明的要求见表 C-4。

表 C-4　机房照明要求

机房种类	照明要求	亮度要求(lx)
监控大厅	正常照明、保证照明(操作台区域)	≥300
	事故照明	≥5
通信管理终端机房	正常照明、保证照明	≥300
	事故照明	≥5
电源室、通信设备机房	正常照明、事故照明	≥200

C.5　安全要求

C.5.1　防火要求

1　机房严禁使用木板、纤维板、宝丽板、塑料板、聚氨乙烯泡沫塑料等易燃材料装修。

2　机房吊顶、隔墙、空调通风管道、门帘、窗帘均应采用不燃烧的材料制作。

3　机房内的文具柜、工作台、桌、椅、梯子必须用不易燃烧材料制作。

4　空调通风管穿越机房隔墙、楼底时，与垂直总风管交接的水平管道上应设防火闸门。

5　机房内严禁吸烟，严禁使用各种炉具、电热器具，严禁存放和使用易燃易爆物品。

6　机房内应配备二氧化碳灭火系统和点式火灾检测器，有玻璃隔断的机房应在被隔断区单独配置二氧化碳灭火系统和点式火灾检测器。

C.5.2　防水、防潮要求

1　机房内应无明显积水、水浸。

2　机房内不应采取水喷淋消防系统。

3　机房地板、顶棚、墙壁不应潮湿发霉和结露、滴水。

C.6 其他相关要求

C.6.1 走线要求

1 进线室外应设置电力手孔和信号手孔，两手孔相邻边间距不小于 1m，两手孔通过 ϕ114mm 的钢管与进线室（电源室）内的电缆沟相连（钢管数量根据实际缆线数量核定），进线室内的电缆沟可使用木板或水泥盖板覆盖，如图 C-1 所示。根据工程实际情况，电力手孔和信号手孔也可采用煨弯钢管与进线室贯通。

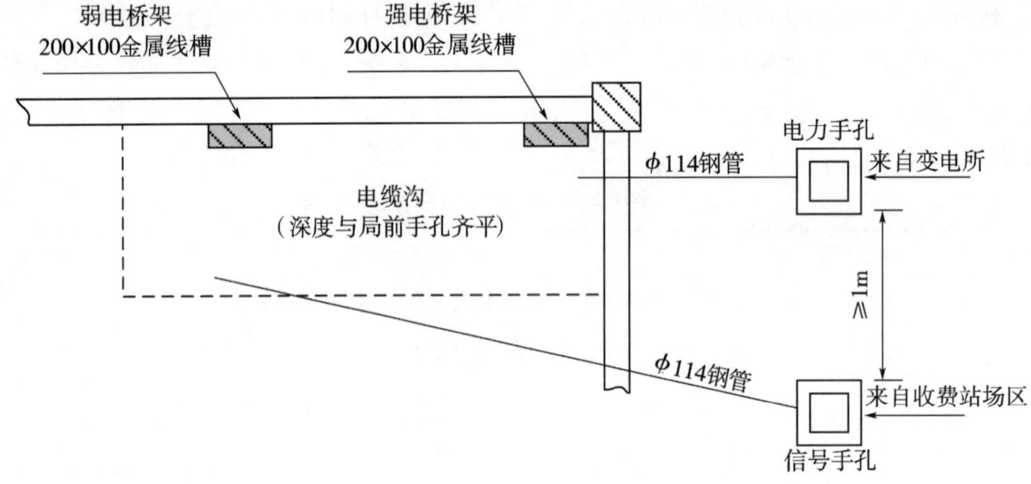

图 C-1 电力和信号管道进线示意图（尺寸单位：mm）

2 进线室至二楼机房的竖井内应设置桥架，规格不宜小于 200mm × 100mm 的金属线槽，槽体厚度为 2mm，盖板厚不小于 1.5mm。

3 同一层的机房之间为保障强、弱电缆走线方便，应在防静电活动地板以下的墙上预留不小于 200mm × 100mm 的洞，防静电活动地板下的强、弱电缆应分别放在不小于 200mm × 100mm 的镀锌金属槽内走线。

附录 D　机房设备布置、安装和缆线布设技术要求

D.1　范围

本附录规定了高速公路通信机房设备布置、安装和缆线布设的要求。

D.2　引用标准和参考资料

GB 50311　综合布线系统工程设计规范
YD/T 926.1　大楼通信综合布线系统　第 1 部分:总规范
YD/T 926.2　大楼通信综合布线系统　第 2 部分:电缆、光缆技术要求
YD/T 926.3　大楼通信综合布线系统　第 3 部分:连接硬件和接插软线技术要求

D.3　机房设备布置和安装

1　机房的设备布置应满足设备安装、维护和安全的要求。

2　设备布置应根据近、远期规划统一安排。

3　应根据不同功能的设备衔接要求布置设备,使设备之间的布线路由合理,减少往返,布线距离最短。

4　应有利于提高机房面积利用率。

5　应考虑机房的整齐和美观。

6　应有利于抗震加固。

7　机房设备排列距离要求见表 D-1。

表 D-1　机房设备排列距离参考值

名　　称	距离(m)	备　注	名　　称	距离(m)	备　注
主走道	≥1.3	短机列时	相邻机列面与背之间	1.0~1.2	
	≥1.5	长机列时	相邻机列背与背之间	0.7~0.8	
次走道	≥0.8	短机列时	机面与墙之间	0.8~1.0	
	≥1.0	长机列时	机背与墙之间	0.6~0.8	
相邻机列面与面之间	1.2~1.4				

8　机房设备宜选用 2 200mm 或 2 000mm 架高的设备。

9　在底部为防静电活动地板的机房安装设备时,必须首先使机架底座与地面牢固加固,然后再进行设备机架与机架底座间的加固。

10　机架的安装应端正牢固,垂直偏差不应大于机架高度的0.1%。

11　列内机架应相互靠拢,机架间隙应不大于3mm,列内机面平齐,无明显参差不齐现象,不应影响机架门的顺畅开关。

12　子架与机架的加固应符合设备装配要求。

13　接地线应与机架接地端子可靠连接。

D.4　缆线布设要求

1　缆线可布设在机架顶部的上走线架内,也可布设在防静电活动地板下的金属线槽内。采用上走线方式时,走线架与机房顶的净空距离应大于300mm,走线架经过梁、柱时,就近与梁、柱加固。在走线架上相邻固定点之间的距离应不大于2m。

2　缆线布放位置应合理,不得妨碍或影响日常维护、测试工作的进行。

3　设备电缆、交流电源线、直流电源线与光缆、尾纤或跳纤、信号线应分开布放在电力线槽和信号线槽内。电力线槽和信号线槽间距应符合表D-2规定。

表D-2　综合布线电缆与电力电缆的间距

类　别	布设条件	最小间距(mm)
380V电力电缆 <2kV·A	双方都在接地的金属线槽或钢管中	10*
380V电力电缆2~5kV·A	双方都在接地的金属线槽或钢管中	80
380V电力电缆 >5kV·A	双方都在接地的金属线槽或钢管中	150

注*:当380V电力电缆<2kV·A,双方都在接地的线槽中,且平行长度≤10m时,最小间距可为10mm。

4　所有信号线应整齐布放在走线架上或金属线槽内,走线应保持平直顺畅,不能有交叉和空中飞跃的现象,不溢出,不侧翻,拐弯适度,无死弯;进出走线架或槽道应绑扎整齐。

5　缆线弯曲应均匀圆滑,排列整齐,曲率半径应符合其弯曲特性。

6　缆线垂直通道穿过楼板时宜采用电缆竖井方式,也可采用管槽的方式。

7　尾纤或跳纤在机柜外布放时应加套管保护,机柜内盘绕直径应不小于8cm。

8　电缆布放时中间不允许有接头。

D.5　绑扎工艺要求

1　线扣

1)线扣绑扎松紧应适度,间距保持均匀。

2)多余的线扣头应沿接头处剪平。

3)线扣编排整齐,线扣头朝向一致。

4)机柜内电缆弯曲处不应绑扎线扣。

5)不同长度的线扣应合理使用。

2　缆线

1)绑扎成束的缆线应整齐靠拢。

2)绑扎松紧应适当,不得损伤缆线外护套。

3)尾纤或跳纤绑扎时,在线扣环中可适当抽动。

D.6　其他要求

1　金属线槽及其附件

1)应采用经过镀锌处理的定型产品。线槽内外应光滑平整,无棱刺,不应有扭曲、翘边等变形现象,并应有产品合格证。

2)镀层应均匀完整,表面光洁,无脱落、气泡等缺陷。

2　标签制作标准

1)所有标签需打印、塑封,编排应整齐,头朝向一致。

2)所有缆线在出入机房、出入线槽、进入设备端均应绑扎标签。

3)标签应明确标示缆线规格、型号、路由及用途等内容。

4)MDF、ODF 及 DDF 需有塑封端子排列图,置于机柜门内侧,扩建、改建时应及时更新。

附录 E　通信防雷与接地要求

E.1　范围

本附录适用于新建通信站的防雷、接地、雷电过电压保护工程设计，扩建、改建的防雷接地改造工程应参照执行。

E.2　引用标准

GB 50343　建筑物电子信息系统防雷技术规范
YD 5098　通信局（站）防雷与接地工程设计规范
YD/T 1051　通信局（站）电源系统总技术要求

E.3　机房防雷与接地要求

E.3.1　总则

1　通信站必须采用设备工作接地、保护接地、建筑物的防雷接地合用一组接地体的联合接地方式。

2　机电系统机房包括电源室（含进线室）、通信设备机房、通信管理终端机房、监控大厅等应采用等电位连接与接地保护措施。

E.3.2　机房防雷

1　从配电房低压配电屏引电进入监控大楼的电源室配电柜（电源室有 UPS 等设备）进线端应安装第一、二级复合式防雷器组；第一级宜采用具有能量自动配合功能的 10/350μs 波形开关型防雷器；第二级宜采用 8/20μs 波形限压型防雷器，具体标称放电电流参数值参照表 E-1。如电源室没有 UPS 等设备，可不设置第二级防雷器。

2　从电源室到通信机房、监控大厅的配电箱，配电箱进线侧应安装第二级 8/20μs 波形限压型防雷产品。

3　机电系统设备电源插座或设备端应安装第三级防雷型插座。

4　浪涌保护器连接导线应平直，其长度不宜大于 0.5m。当电压开关型浪涌保护器至限压型浪涌保护器之间的线路长度小于 10m 且限压型浪涌保护器之间的线路长度小于 5m 时，在两级浪涌保护器之间应加装退耦装置。当浪涌保护器具有能量自动配合功能时，浪涌保护器之间的线路长度不受限制。浪涌保护器应有过电流保护装置，并宜有劣化显示功能。

表 E-1　机电系统机房电源防雷器标称放电电流(kA)参数值

环境因素＼气象因素			当地雷暴日(日/年)		
			<20	20～40	≥40
第一级	平原	有不利因素	60(15)	100(25)	
		无不利因素	60(15)		
	丘陵	有不利因素	60(15)	100(25)	120(30)
		无不利因素	60(15)		
第二级	—		40		
第三级	—		10		

注:1. 表中括号内数值适用于 10/350μs 波形开关型防雷器。

2. 不利因素包括:高层建筑、山顶、空旷地带;虽然为少雷区,但时有雷击发生;大地电阻率较高,使接地电阻偏大。

5　信号线路设备端应安装适配的信号线路浪涌保护器。

6　信号线路浪涌保护器应连接在被保护设备的信号端口上。浪涌保护器输出端与被保护设备的端口相连。浪涌保护器也可以安装在机柜内,固定在设备机架上或附近支撑物上。信号线路浪涌保护器接地端宜采用截面积不小于 $1.5mm^2$ 的铜芯导线与设备机房内的局部等电位接地端子板连接。

7　设备交流电源或直流电源输入端口以及各单板的电源模块输入端应加过压保护措施。

E.3.3　机房接地

1　房建专业负责将接地引入线从外设环形接地体就近引入,并与机房内的总接地汇流排连通,要求联合接地电阻≤1Ω。

2　机电系统机房内的总接地汇流排不能满足设备接地要求时,应设置专用接地汇流排,再与机房总接地汇流排连通。

3　接地线:

1)各类接地线的截面积,应根据最大故障电流和机械强度选择;一般设备(机架)的接地线应使用截面积不小于 $16mm^2$ 的铜线。

2)多股接地线与汇流排连接时,必须加装接地端子(铜鼻),接地端子尺寸应与线径相吻合,压(焊)接牢固。接地端子与汇流排的接触部分应平整、紧固,无锈蚀、氧化,不同材料连接时应涂凡士林或黄油防锈。

3)严禁在接地线中加装开关或熔断器。接地线布放时应尽量短直,多余的线缆应截断,严禁盘绕。

4　入局缆线的防护:

1)各类缆线应埋地引入,避免架空方式入局。

2)具有金属护套的电缆入局时,应将金属护套接地。无金属护套的电缆宜穿钢管埋地引入,钢管两端做好接地处理。

3)入局市话电缆的金属外护层应在进线室或 MDF 下做接地处理。市话电缆的空线对,应做接地处理。金属线槽应做接地处理。

5 通信机房接地方法可参考图 E-1 执行。

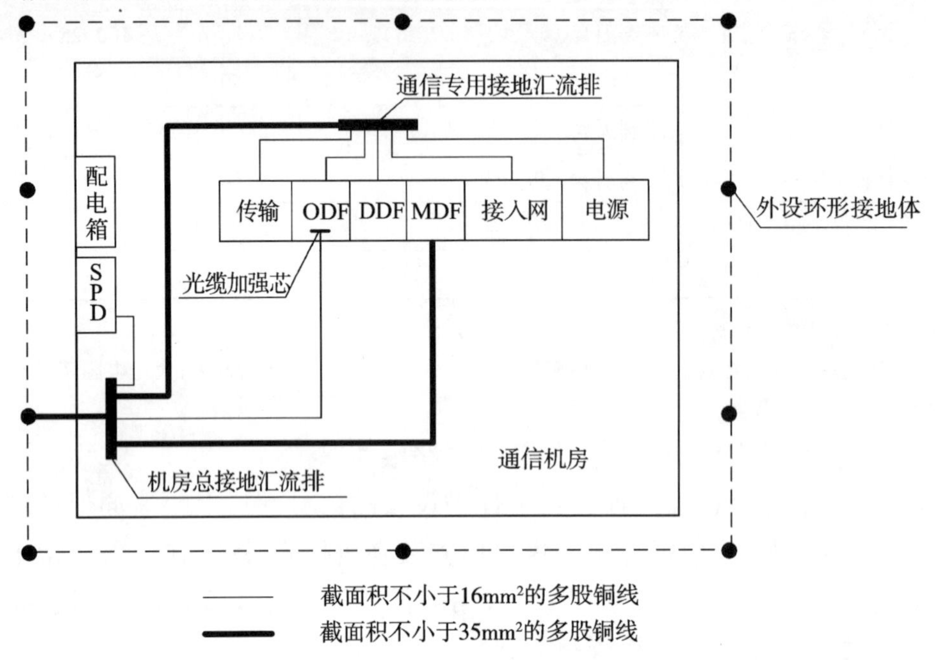

图 E-1 通信机房接地示意图

1)MDF 的接地线应采用截面积大于 $35mm^2$ 的多股铜线就近由机房总接地汇流排接地。当通信站内的 MDF 和机房总接地汇流排相距较远时,MDF 可就近由外设环形接地体直接入地。

2)通信站内的光缆金属构件应做接地处理。光缆的金属加强芯和金属护层应在分线盒或 ODF 内可靠连通,并与机架绝缘后使用截面积不小于 $16mm^2$ 的多股铜线,引至机房总接地汇流排上。

3)对局外引入的 2Mbit/s 信号线和远端机房引入的信号电缆,应在 DDF 的相应端口安装 SPD。为增加 2Mbit/s 线路的屏蔽效果,降低端口的雷电过电压,DDF(包括接头插座)应可靠接地,应使用截面积不小于 $16mm^2$ 的多股铜线。

E.4 光缆线路的防雷

根据本技术要求推荐的光缆结构形式,光缆线路的防雷保护可选用下列措施:

1 光缆在野外长途塑料管道中敷设时,可参照下列排流线设置原则:

1)10m 深处的土壤电阻率 $\rho_{10} < 100\Omega \cdot m$ 的地段,可不设排流线。

2)10m 深处的土壤电阻率 $\rho_{10} \geqslant 100\Omega \cdot m$ 的地段,设一条排流线。

3)排流线的连续布放长度应不小于 2km。

2 含有金属元件的光缆,每一光缆段长内所有金属组件应保持电气导通。

3　通信站内的光缆金属构件应做接地处理。

4　雷害严重地段,光缆可采用非金属加强芯或无金属构件的结构形式。

5　在易遭受雷击的地区,光缆接头盒宜采用两端进线的方式。

6　光缆在野外直埋时,排流线的设置应符合下列原则:

1)10m 深处的土壤电阻率 $\rho_{10} < 100\Omega \cdot m$ 的地段,可不设排流线。

2)10m 深处的土壤电阻率 ρ_{10} 为 100 ~ 500Ω · m 的地段,设一条排流线。

3)10m 深处的土壤电阻率 $\rho_{10} > 500\Omega \cdot m$ 的地段,设两条排流线。

4)排流线的连续布放长度应不小于 2km。

7　架空光缆可选用下列防雷保护措施:

1)光缆架挂在长途明线的下方。

2)光缆吊线间隔接地。

3)雷害特别严重地段敷设架空地线。

E.5　紧急电话的防雷

紧急电话分机应装有避雷元件,使任何事故波特别是雷电造成的高压入地。紧急电话接地电阻≤10Ω。

附录 F　通信系统界面

F.1　一般规定

1　高速公路通信设施由传输网系统、业务网系统、支撑网系统、通信光电缆、通信电源系统、通信管道等构成。

2　通信系统一般应和监控系统、收费系统一起完成设计、施工、监理。

F.2　通信系统与主体工程界面

1　全线机电系统运营管理体制及其规模等,应由主体设计单位与机电设计单位共同研究确定,一般由机电设计单位提出方案(包括路段中心或路段分中心、隧道管理站、收费站、养护工区、停车区、服务区等)、规模(房屋建筑专业负责),主体设计单位根据路线情况调整,并经业主确定。相关征地、拆迁图表与数量由主体工程设计单位负责。

2　桥梁、挡墙等构造物上设置的各类设施的基础及相应预埋管线,机电设计单位应与主体工程设计单位协商,并提供基础位置、受力条件、预埋件的安装方式图、管线预埋要求等技术资料。主体设计单位在设计中一并完成基础及预埋件的设计,并计列工程数量。

3　隧道内的各类设施的预留预埋,机电设计单位应与主体工程设计单位协调,并提供预留预埋的洞室位置及尺寸、管道数量、电缆沟尺寸要求等技术资料,主体设计单位在设计中一并完成预留预埋洞室防水、配筋等设计,并计列工程数量。

F.3　通信系统与房建工程界面

1　通信系统所需的房屋由房建专业负责设计,但通信系统应提出面积、房间布局、楼内管道以及电话交接箱位置及容量等具体要求。

2　监控、通信、收费系统场区内所需管道及各机房之间缆线连接所需的管洞、穿管等均由房建负责,而各系统应提出管孔数量、起止点等具体要求。通信管道与房建的界面在场区围墙外的局前人(手)孔处,通信系统将管道引至该人(手)孔,房建负责该人(手)孔至机房的管道及预留预埋。

3　机电设备采用联合接地方式,房建专业负责将接地引入线从外设环形接地体就近引入,并与机房内的总接地汇流排连通,要求接地电阻≤1Ω。

4　房建专业应根据本技术要求附录 C 的相关条文要求并结合有关标准规范对机房装修、环境及安全等内容进行统一设计。

F.4　通信系统与监控系统界面

1　监控系统应负责为通信系统提供监控外场设备的位置和信息量等技术要求，外场设备至路段（分）中心之间的数据传输通道由通信系统负责。

2　对于沿线外场设备（不含 CCTV 摄像机），通信与监控系统的界面划分在数据光端机处，通信系统负责把光缆引到监控外场设备设置点的路肩手孔内，并作 6 ~ 8m 盘留，光端机设备（含终端盒）计入监控系统工程量，其接线由监控系统负责。

3　对于沿线摄像机，通信系统负责将图像从外场传输到相应的管理机构，其传输用的介质、传输设备全部由通信系统提供。下端界面在摄像机的编码设备处，从摄像机到编码设备的接线由监控系统负责；上端界面在通信机房的解码设备视频输出口处，图像存储、显示、处理等子系统及其连线设计由监控系统负责。

4　各级监控系统管理机构之间的图像、数据传输由通信系统负责完成，监控系统应提出具体要求。

5　通信系统负责设计紧急电话系统和有线广播系统，其管理终端计算机与监控系统局域网的连接设计由监控系统负责完成。通信系统在布设隧道紧急电话时应与监控系统协调位置，避免设备冲突以及有利于隧道摄像机监控。

6　省级监控中心、隧道管理站的配电由监控系统统一考虑，包括通信系统容量。

7　监控系统中设备的信号、电力预留横穿管道及供电管道由通信管道工程一并统筹考虑。

F.5　通信系统与收费系统界面

1　收费站至路段（分）中心之间的数据传输通道由通信系统负责，界面在传输设备或配线架外侧。

2　对于收费图像，通信系统负责将图像从车道、广场传输到收费站及路段（分）中心等相应管理机构，其传输用的介质、传输设备全部由通信系统提供。下端界面在编码设备处，从摄像机到编码设备的接线由收费系统负责；上端界面在通信机房的解码设备视频输出口处，收费站图像存储、显示、处理等子系统及其连线设计由收费系统或监控系统负责。

3　收费站、路段（分）中心的配电由收费系统统一设计，包括监控、通信系统容量。

F.6　通信系统与供配电系统界面

1　在路段（分）中心、各收费站、服务区、隧道站的机电系统电源室内，由供电系统按照一级负荷要求设置电源室配电箱,其回路数量及负载要求应由监控、通信和收费系统提供,监控、通信和收费系统负责从电源室配电箱至设备的引电。

2 在隧道区段,供电系统负责为监控、通信系统将电源引至配电箱,配电箱及至设备的引电由监控、通信系统负责完成,电源容量、配电箱位置由监控系统负责提供。

附加说明

《高速公路通信技术要求》编写组

主编单位：交通运输部公路科学研究院
北京交科公路勘察设计研究院

编写人员：王笑京　李爱民　王　珣　马俊峰　张　昊　盛　刚　陈　静　孙芸丽
施　强　江运志　王文菁　王　磊　樊　薇　左海波　罗　沛　达世德
张一衡　刘见振　杨荣尚　张晋阳　罗锦兴　刘　冬　黄　晨　侯连兴
高　宏　李树远　魏政理　王　骁　吕　波　张　洋　邱　淮　王炳炯
吴健华　蒋旭峰　孟春雷　闻　静